AF455346

TA FOI TE SAUVERA

PRINCE P. A. MARGANY

TA FOI TE SAUVERA

NOTES INTIMES

ÉDITIONS J. POVOLOZKY ET Cie
13, RUE BONAPARTE, 13, PARIS VIe

IL A ÉTÉ TIRÉ DE CET OUVRAGE
10 EXEMPLAIRES SUR VÉLIN D'ANNAM
50 EXEMPLAIRES SUR VÉLIN BLANC
DES PAPETERIES DE RIVES
NUMÉROTÉS DE 1 A 50
ET 940 EXEMPLAIRES SUR PAPIER CHALANDRE
NUMÉROTÉS DE 51 A 1000
ET ACHEVÉ D'IMPRIMER
LE VINGT-CINQ NOVEMBRE MIL-NEUF-CENT-VINGT-NEUF
PAR JEAN BELMONT A PARIS

AVANT-PROPOS

....

La vie marche avec une rapidité incroyable, effaçant le chemin parcouru, chemin fait de malheur et de souffrance. Tout s'oublie... et aujourd'hui que je me tourne vers la moitié écoulée de mon existence, je doute parfois de la possibilité de tant d'horreurs supportées par moi et par des centaines de mille hommes au pays du sang et de la démence.

Peut-être pour un être normal bien des phrases et des actions lues dans ce journal paraîtront-elles entachées de quelques exagérations... Rien de plus réel, cependant.

En cette phase de notre lutte désespérée pour la vérité, il régnait, parmi les gens prêts à sacrifier leur vie, une sorte de manière noble d'exprimer sa pensée, qui conférait à leurs paroles un accent étrangement solennel.

A celui qui, fermant un instant les yeux reportera ses idées sur les exploits récents du peuple martyr, il sera facile de comprendre ces pages écrites en toute simplicité et loyauté.

20 *octobre.*

Voici deux mois que je rôde dans les montagnes de Circassie! Est-ce pour longtemps encore?... On n'est guère sûr du lendemain. Les rapports les plus récents de mes fidèles éclaireurs me donnent beaucoup à réfléchir. Je suis serré des deux côtés à la fois, par les Bolcheviks russes et par les Bolcheviks caucasiens. Ceux-ci ont proclamé l'indépendance de leur pays et ils sont pires encore que les premiers, car ils effacent tous vestiges de l'ancienne monarchie russe.

En face, c'est la mer. Derrière, la grande chaîne du Caucase, donnant sur le Kabarda où le général Alexieff et sa petite armée furent exilés.

Nul moyen de passer les montagnes en hiver, il faut attendre le printemps, mais c'est si long et comment résister jusque-là!

Parfois je me fais violence pour ne pas franchir le pas qui me sépare du pécipice abrupt et sans fond, qui est là, tout près de ma caverne... Lâcher tout... ne plus vivre... De jour en jour, moins de lumière, moins d'espoir. Le froid et l'horreur — autour de moi et dans mon âme.

J'ai peur de comprendre que je lutte contre tout à la fois. Quand verrai-je la fin de tout cela? La neige, la montagne inaccessible, la faim, les animaux sauvages... et la lutte pour le droit et la vérité évidente... Pauvre officier russe que je suis! Puis-je seulement tenir jusqu'au printemps, qui m'apportera de nouvelles réserves de force, de patience et d'espérance pour la longue et inexorable lutte...

Pour le moment, le plus fâcheux c'est que les Bolcheviks essaient de nous couper toutes les routes de communication avec les villages voisins, d'où nous viennent la nourriture et les nouvelles de nos amis. Attendons, on verra!

22 octobre.

Depuis le matin, la neige tombe sans discontinuer; il faut souvent déblayer l'entrée de ma caverne. Le fidèle Osbeck, caporal à mon détachement, ne me quitte pas et, voulant me distraire, me raconte avec une admirable simplicité les longues légendes de la vie des montagnards. Je pourrais me remémorer mon enfance lointaine et les contes d'hiver de ma bonne nourrice. A cinq pas de moi, dans une caverne dix fois plus grande que la mienne, sont réfugiés mes dévoués montagnards.

Depuis quelque temps je souffre de voir les figures résignées de ces hommes si courageux, si pleins d'une foi toute personnelle en « notre cause », et d'une abnégation de martyrs, ils sont capables de tout affronter sur un signe de moi.

De fait, nous avons reçu aujourd'hui une grande provision de nourriture par les bergers montagnards. Cela nous soutiendra encore quelque temps.

Ces longues journées sont tristes et monotones. Où est-elle la vie, la vraie vie tant désirée? Cette existence suffocante et injuste, quand cessera-t-elle?

23 *octobre.*

De toute la nuit, je n'ai pu dormir. Le froid ne me permettait pas de fermer l'œil et je me promenais de long en large, enveloppé de mon manteau de fourrure. De la caverne voisine me parvenait un son étrange et bourdonnant. Voulant en connaître la cause, je sortis, et ce n'est qu'alors que je remarquai que la neige avait cessé de tomber. La nuit était devenue calme et sereine. Le précipice ressemblait à une tache monstrueusement sombre, autour de laquelle s'élevaient en cercle les sapins géants, tout couverts des plis d'un manteau d'hermine.

Le silence était bizarre, — on ne sentait pas le souffle de la vie. Il me semblait que j'avais eu raison d'appeler ce lieu « un tombeau habité ».

Le bruit qui m'avait intrigué auparavant était causé par le vieux Daoud, qui aiguisait minutieusement les poignards de mes volontaires.

Ce matin, j'ai envoyé vingt hommes en reconnaissance dans les environs. Les bolcheviks ont occupé un village au pied de notre montagne, espérant capter quelques renseignements sur nos positions. Osbeck est venu déjà plusieurs fois me proposer d'envoyer des secours; l'absence prolongée des hommes partis le matin l'inquiète. J'ai décidé d'attendre.

Le 23 octobre, au soir...

Aujourd'hui, j'ai relu les tristes pages du roman français *Les Désenchantées*, — le seul livre que je possède. Je me suis transporté pour quelques instants dans la capitale mystérieuse de l'Orient. Que de souffrances, quelle oppression et quelle douleur infinies dans la vie des femmes esclaves!... Mais je trouve qu'elles devaient être heureuses de n'avoir le droit ni de protester ni de résister.

Mon Dieu!... Est-il possible que personne ne puisse rien savoir de nous, ni comparer notre souffrance morale : être jetés par la vie dans le froid, l'obscurité et une lutte sans issue... Faut-il croire que la Russie soit devenue un spectre d'horreur et d'épouvante... Où fuir? Où est le repos, où est le bonheur?

Quel affreux déchirement pour ma pauvre patrie. L'anxiété me gagne; les hommes ne sont pas encore revenus. Osbeck a une mine renfrognée, il fronce le sourcil. Mais j'attendrai quand même jusqu'au matin.

24 octobre.

J'achève en toute hâte ces lignes. Je ne sais si le destin me ramène jamais dans ce « tombeau habité », que je quitte malgré tout avec le chagrin habituel de la séparation.

Durant toute la nuit, j'ai vainement attendu mes éclaireurs. De très bonne heure un vieillard du village de Djerdi accourt vers moi, la face bouleversée. Les Bolchevikis caucasiens ont pris le village où se trouvaient mes hommes. Ces derniers, après une résistance déraisonnable, tombèrent victimes de nombreuses balles de nos ennemis. Exaspérés, les Bolcheviks se sont rués sur tous les villages voisins, mettant le feu aux maisons, pillant les objets de valeur, mettant à mal les femmes et les filles des habitants.

Partout règnent la ruine et la mort. Non loin du village d'Ottara, les Bolcheviks ont fusillé mon frère de lait. Ayant fait semblant de s'offrir pour les conduire jusqu'à ma demeure, il crut pouvoir les attirer dans un fourré, où l'ennemi devait se perdre, faute d'en connaître les sentiers et les traverses. Mais le chef du détachement éventa la ruse et le guide téméraire n'attendit pas longtemps son châtiment.

« Tout notre espoir est en toi », dit le vieillard, « descends et sauve le peuple sans défense. Tu sais qu'ils nous considèrent comme les alliés les plus persévérants de la monarchie. Viens, Allah bénira ta route et ton œuvre de justice. Tu peux jeter le trouble parmi eux et les forcer à s'enfuir. »

Un instant après, l'ordre de marche était donné. Je remarque que mes hommes s'empressent avec plaisir de quitter notre refuge.

Dehors, il fait une clarté éblouissante. Les sapins semblent couverts d'une poussière de diamants, le précipice lui-même n'exerce plus sa morbide attraction.

Le fidèle Osbeck, tout en me rapportant que les préparatifs sont faits, m'insinue avec enjouement que les morts qui ont mérité la caresse du soleil d'hiver obtiendront le paradis d'Allah. Bizarre... Je voudrais pouvoir envisager les choses avec autant de simplicité.

Voici le moment : les montagnards ont entonné pour la marche leur hymne funèbre.

Pourquoi me vient-il en tête des mots qui auparavant n'avaient aucune signification pour moi? « Ta foi te sauvera... » Quoi! la fatalité? Chacun n'a-t-il pas sa destinée?... Bien. Je crois en moi-même et à mon œuvre de justice. J'ai la foi, et elle me sauvera.

Le 24 octobre au soir.

Je suis assis près d'une cheminée dont je sens la chaleur se répandre agréablement par tout mon corps. Qu'il y a longtemps que cela ne m'est plus arrivé! Je suis déshabitué de tout confort, et même d'un foyer.

De la cuisine voisine me vient une odeur de viande frite et j'ose à peine croire qu'elle me sera servie. Oui, je commence maintenant à admettre la possibilité de retourner à l'état sauvage. Encore une année dans ces montagnes et l'on ne pourra plus me distinguer d'un naturel de la Nouvelle-Guinée.

Il y a deux heures que cet aimable asile m'a été offert par le village que nous avons occupé après un bref combat, où nous fîmes prisonniers deux étudiants géorgiens. Au cours de l'interrogatoire, leurs réponses nous ont appris que le détachement général de M. D... se trouve dans le monastère de M..., d'où il envoie des pelotons de représailles dans les environs. Je tiens entre mes mains un document trouvé dans la poche d'un des prisonniers : c'est un appel du gouvernement socialiste-bolchevik adressé aux montagnards. Je le lis avec un sentiment à la fois de douleur et d'ironie. En voici quelques phrases : « A nos frères montagnards! Les Soviets viennent vers vous avec une paix et le bon accueil, vous invitant à prendre part à une nouvelle existence libre et souveraine. La main cruelle et atroce de la sombre monarchie est inerte à jamais, nous laissant la voie libérée de choisir notre gouvernement. Venez avec nous : ne croyez pas aux promesses fallacieuses des chefs noirs. Chassez-les de vos montagnes. Point de quartier pour les bandits qui trahissent leur pays! Sachez que pour chacun de ces traîtres, la patrie vous récompensera. »

L'allusion me concerne... C'est bien moi le

« bandit »... Je suis « traître à la patrie »... Avec quelle haine je voudrais leur crier : « Lâches, lâches que vous êtes! vous mentez! Ce n'est pas avec la paix que vous venez, mais avec la ruine. Vous avez dévoré une bonne partie de la Russie et vous poussez les autres à suivre votre exemple. Mais moi, je suis fidèle à mon pays. Je lui donne ma vie et je crois que bientôt il ressuscitera fier de sa grandeur et se vengera impitoyablement de ceux qui ont profité de sa faiblesse et de sa misère actuelles. »

La lutte, la lutte acharnée, infatigable. Qu'importe, qu'ils nous battent, qu'ils nous dévalisent, qu'ils mettent le feu à nos demeures! Notre courage puissant, irrésistible, nos cœurs nobles et fidèles, jamais ils ne sauront les vaincre.

Il me revient à l'esprit une histoire du temps de l'ancienne Russie. Une proclamation impériale ayant été faite au pays qui, après une guerre longue et exaspérante, avait dû se soumettre à la puissante Russie, un vieux montagnard accueillit cette proclamation par les paroles suivantes adressées à un général : « Général, vous avez conquis nos montagnes au moyen des canons et des fusils opposés à nos courts poignards. Vous pouvez passer pardessus ces montagnes, si vous le voulez. Mais notre âme et la beauté de nos traditions, de notre liberté, vous ne les gagnerez jamais. Et rappelez-vous que, durant nombre d'années de notre vie en commun, l'esprit indomptable du pays vous apportera infiniment de trouble, tant il reste fort par sa grandeur et si profonde est son arrogance. »

Telle est la force, la puissance du peuple — le grand mystère de l'existence et de la lutte.

Osbeck entre, et prenant place sans bruit près de la cheminée, il allonge ses doigts gelés au-dessus du feu. Un poids oppresse mon âme. La vérité serait-elle impuissante? A quoi faut-il croire alors?...

« Osbeck, dis-moi qui est le plus fort Allah ou Cheitan?

— Cheitan», répond tranquillement Osbeck.

« Pourquoi?

— Parce que Cheitan, c'est le dieu du mensonge et de la méchanceté.

— Comment donc, Osbeck, que veut dire cela?

— Tu n'as pas tout demandé, seigneur», m'interrompt-il.

« Tu as voulu savoir qui des deux sera vainqueur, Allah ou Cheitan. Eh bien, sache-le : c'est Allah.

— Pourquoi? Tu m'as dit que Cheitan était le plus fort.

— Oui, mais Allah, c'est le dieu de la vérité et de l'amour... Et puis... crois, seigneur, et Allah sera avec toi. »

Silence.

« Dis-moi donc, Osbeck, qui a régné en Russie, le dieu de la vérité, ou celui du mensonge?

— C'est le dieu de la vérité qui a régné, mais le dieu du mensonge a dirigé. »

Puis, après un instant, il ajouta :

« Les Russes ont vécu par le cœur plus que par la tête, mais le cœur, c'est le domaine de Cheitan, — l'âme et la tête, celui du dieu de la vérité... »

Je baisse la tête. Voilà une philosophie singulière, mais qui contient quelque chose de solide dont on peut vivre.

25 *octobre.*

Un grand tapage à ma porte m'a réveillé. Le soleil était très haut dans le ciel et ma couche moelleuse joyeusement inondée de ses rayons. A mon cri : « Entrez! » la porte s'ouvrit brusquement et Osbeck, d'un air mystérieux, me remit trois lettres, que ma mère m'avait réexpédiées par des mains sûres. J'ouvris impatiemment la première que j'eus en main. Elle était de la princesse G... En me racontant l'infâme conduite des Bolcheviks qui, au cours d'une perquisition dans son appartement, ont fait main basse sur tous les objets de valeur, elle me suppliait de venir en G..re, où, entre autres, j'aurais l'occasion de rencontrer « l'un » des affiliés du général Alexieff. A la fin de sa lettre, il y avait une phrase équivoque : « On pense à toi, tu leur es nécessaire. Garde-toi. » La seconde lettre, qui m'a un peu étonné, était d'un groupe de la société russe de Tiflis. Beaucoup de choses flatteuses pour moi touchant ma lutte « héroïque »... Vous qui si franchement et si honnêtement êtes entré dans cette guerre inégale, pour vous toutes nos bénédictions et nos prières...» Dans mon âme il fait à la fois triste et gai. Oui, elle m'est chère la Russie non déshonorée, non bafouée... La troisième lettre émanait d'un de mes amis géorgiens, un grand fonctionnaire au ministère des Affaires étrangères du gouvernement soviétique. « Dans ce gouvernement, tout ne marche pas pour le mieux », écrit-il. « M... est accusé d'avoir tripatouillé sur l'achat d'uniformes italiens pour l'armée... Les manigances de M. H... avec les Anglais coûteront beaucoup d'ennuis au gouvernement... On prête une singulière attention au cadeau fait par le général M... à M. H..., après deux heures d'entrevue... Les diplomates turcs donnent aux nôtres beaucoup de fil à retordre. M. A... fait peur et l'on pense beaucoup à lui... A propos, le ministre P... a été ramené de chez Mme M... les deux jambes cassées. La cause de cet accident est rigoureusement tenue secrète, ce qui n'empêche pas les langues, surtout celles des femmes, d'en chercher la raison dans la rue Anastasievsky, numéro 13, où « Son Excellence » avait coutume de passer ses soirées. Pauvre Mme M...., elle pleure et s'inquiète!... Remarque qu'il y a trois jours, une grande partie des meubles du palais a été transportée dans l'appartement de M. H... Il y aura des propostions : ne les accepte pas. Patiente encore un peu... ne laisse pas faiblir ton âme, la fin n'est pas loin. »

Quoi? Attendre? Puisse le printemps venir plus vite! Que d'espoir avec lui! que de force... mais que d'hiver encore devant nous!...

Le 25 octobre au soir.

Le bois pétille gaiement dans l'âtre et avec lui l'espoir se répand dans mon âme et j'entrevois la joie d'une vie possible dans l'avenir. Je veux oublier... ne pas savoir qu'au dehors le vent à nouveau se déchaîne, que la neige, à gros flocons, recouvre la terre... que l'âme...

Bizarre! Il faisait si clair ce matin, — à présent, impossible de distinguer la cabane voisine sur la route.

Nous sommes trois dans la chambre : Osbeck, moi, et un officier bolchevik, arrivé il y a une heure pour négocier avec moi. Le Gouvernement me promet « le pardon, l'oubli de mes fautes et la vie éternelle ». C'est comme dans un conte roumain : « Sors des buissons, mon petit lièvre, je t'offre la vie. »

J'ai reçu mon hôte fort aimablement et l'ai assuré que demain je rendrai moi-même visite au chef du détachement bolchevik. Il est tout gelé, le pauvre garçon; il a l'air très sympathique. Agé de vingt-cinq ans, étudiant de l'Université de Kiew, il a été mobilisé dans l'armée révolutionnaire. Je lui demande :

« Avez-vous raison de ruiner un peuple inoffensif et paisible?

— Je ne sais pas, il me semble que non.

— Alors, pourquoi sciemment trempez-vous dans le crime ignoble et si évident?

— Moi, je ne suis qu'un instrument qui n'a pas le droit de discuter. Le Gouvernement traverse une période qu'on pourrait appeler « crise d'indépendance »; celle-ci doit se manifester d'une manière quelconque... D'ailleurs, c'est la Révolution », acheva-t-il.

Et là-dessus, il me salue avec beaucoup de politesse. Je le regarde partir et ne veux pas croire que tous ces jeunes gens, pareils à lui, puissent si facilement et si bêtement combattre pour l'idée de la ruine de leur patrie... Que de misères sous l'idée de justice!

Enfin, ils n'attendront pas trop longtemps ma visite. La décision est prise pour cette nuit, tout est prêt. Mes hommes s'entraînent pour le combat. Le moment est propice, comme dit Osbeck. A minuit, nous vérifierons la vigilance des détachements bolcheviks. J'ai le soin de glisser mon journal dans la tige de mes bottes.

Je ne suis pas sûr d'en sortir vivant : nous sommes quatre-vingts, ils sont cinq cents... « Crois et tu seras sauvé. »

27 octobre, 10 h. du matin.

Enfin je puis reprendre mon journal. Je veux transcrire plus ou moins en détail tout ce qui s'est passé, tout au moins en ce qui me concerne.

D'abord, je me trouve dans des circonstances fabuleuses. Dans une luxueuse chambre de l'Hôtel de V...; des meubles bien rembourrés, de l'électricité, une salle de bain, tout le confort désirable. J'ai peur de me réveiller en me pinçant l'oreille, pour m'assurer que tout ce qui m'entoure n'a pas été créé par mon imagination et que ce n'est pas l'effet d'un songe au milieu des pierres humides de ma caverne... Tant de craintes, tant de précautions maladives, tant de douleurs morales et physiques m'ont torturé ces derniers temps...

C'est dans la nuit du 25 au 26 que je me suis mis en route avec mon petit groupe d'hommes vers le monastère de M... Le vent faisait rage, une bourrasque de neige ne permettait pas d'ouvrir les yeux et nous suivions au jugé les deux silhouettes noires, nos guides Abkassiens. On n'y voyait goutte : une nappe grise sombre devant nous; à chaque moment plongeant jusqu'à la ceinture, nous nagions doucement dans l'obscurité de la nuit. Pas un son autour de nous; entre nous, pas un mot; le hurlement du vent nous oppresse et fait naître le désespoir; l'esprit semble s'arrêter, on dirait que tous les êtres sont remplis d'une lourdeur glacée.

Nous allons poussés par une force invisible, sans faire entendre une protestation; deux heures durant, nous sommes en proie à ce tourment incroyable.

Enfin, près de nous apparaît une masse épaisse et noire : c'est la forêt; à côté, le grand bâtiment du monastère de M... Avec joie on s'empresse de se mettre à couvert sous la voûte des arbres géants, dont le feuillage nous défend contre les rafales de neige abondantes et sans pitié. Pour la première fois, nous échangeons une parole. Tous sont bien portants, personne ne se laisse abattre. Immédiatement je dépêche un homme à l'abbesse du couvent, prévenue déjà et qui doit m'attendre au lieu habituel de nos rares rendez-vous. Un peu plus tard, je m'y rends moi-même.

Dans une cellule froide, je trouve l'abbesse avec le père Tikhon.

« Que le Très-Haut et tous les saints bénissent votre arrivée et votre œuvre! »

Ce souhait de bienvenue s'échappe des lèvres de l'abbesse.

Je m'assieds sur une chaise basse, déjà toute mouillée par la neige fondue qui s'écoule de mes épaules.

« Sont-ils nombreux? dis-je.

— Dieu n'est pas dans la force, mais dans la vérité », résonne comme une réponse la voix bénie du vieux prêtre.

L'abbesse s'approche de moi et en chuchotant, mais très distinctement, me dit :

« Il y a déjà huit jours qu'ils ont occupé la plus grande partie des bâtiments du monastère. Les provisions sont réquisitionnées et je ne sais pas ce qui attendra les religieuses plus tard. La raillerie à chaque instant. La plupart sont incroyants. Nos prières habituelles sont accompagnées maintenant de leurs rires et de leurs plaisanteries. Hier le chef du détachement me fit dire ceci : « Les mécontents peuvent « quitter le monastère, on trouve chez nous pas « mal de ces sœurs, et ce genre de « sainteté » foi- « sonne en Géorgie. » L'ivrognerie, le jeu dans la cour de la sainte église... quelle honte! Je sais qu'on nous soupçonne d'avoir des relations avec vous. Notre espoir est en vous. Jésus sera avec vous, et nous prierons pour votre victoire.

— Combien sont-ils aujourd'hui?

— A peu près cinq cents. La garde est augmentée depuis hier soir. Les mitrailleuses sont placées au rez-de-chaussée de l'hôtel n° 1. Tous les officiers et la première compagnie occupent l'entresol du même hôtel. Le reste du détachement est logé dans les trois hôtels suivants.

— M. D... est-il avec eux?

— Oui », répond l'abbesse.

Je me lève pour m'en aller. Le Père ôte vivement sa croix d'or et, l'approchant de mes lèvres : « Ta foi te sauvera. » J'y dépose un baiser et réponds : « Je crois. » Me retournant brusquement, j'ouvre la porte pour sortir, et mes oreilles entendent encore le souhait de mes bons complices : « Jésus soit avec vous! »

Une saute de vent balaie ma mélancolie et je me dirige résolument vers la forêt. Mes hommes m'attendent avec impatience. De nouveau, sans une parole, nous dirigeons nos pas vers l'entrée du monastère. Le « plan de bataille » s'esquisse très vite dans mon esprit. Le détachement est divisé en quatre groupes. Le problème est le suivant : le premier groupe occupera avec moi l'hôtel n° 1; les autres, les hôtels suivants. La réussite dépend de la promptitude et du silence avec lesquels nous pénétrerons dans les bâtiments, du lancement rapide des grenades et de la retraite protégée par nos poignards. Le principal est de faire vite, sans donner à l'ennemi le temps de se reprendre. Les survivants se rallieront au village de T... L'adversaire est bien trop poltron pour nous suivre par des chemins inconnus.

La porte de l'hôtel n° 1 est large ouverte. Il faut espérer que la sentinelle « vigilante » gardera l'entrée. Sans aucun bruit, je m'en approche avec les miens. Déjà l'obscur bâtiment se dresse avec mystère. Le silence règne toujours. Nous entrons avec nos grenades; pas une âme. A droite, encore une porte ouverte, par où nous pouvons voir clignoter craintivement une bougie sur le point de s'éteindre. Plus près, un tas de mitrailleuses, à côté desquelles ronflent « d'attentifs » soldats. Je donne le signal pour monter plus haut. L'entresol, composé de petites cellules, est plongé dans l'obscurité. A peine si l'on peut distinguer les grands chiffres qui numérotent les portes... Ils sont tous ici, tranquilles et heureux... De par la loi des montagnes, on n'attaque pas ceux qui dorment et mes hommes, à mon ordre poussant des cris sauvages, se ruent sur les portes qui ne sont jamais fermées dans les monastères.

Impossible de raconter ce qui s'est passé. Les cris, les hurlements, les supplications, l'éclair des bombes, les détonations sèches des revolvers; puis, sur un coup de sifflet convenu, aigu et prolongé, chacun de nous se précipite vers la sortie. Je voyais seulement trois de mes hommes qui ne me quittaient pas; les autres étaient noyés dans la masse. Sur le seuil de la porte, un officier bolchevik grand et pâle tire dans ma direction et, ayant raté son coup, laisse tomber le bras; le saisir et l'entraîner avec moi fut l'affaire d'un instant. Nous étions déjà dehors. Dans la cour se déroulait aussi une scène de cauchemar.

Ils crient désespérément qu'ils sont trahis; une débandade folle dans l'inconnu s'empare d'eux, tels qu'ils ont été surpris. Les coups tombent au petit bonheur et, dominant tout, les gais carillons du clocher... C'est qu'on priait pour nous. Inconsciemment je fis un signe de croix et me précipitai avec les miens, partis avec l'officier prisonnier.

Le chemin est bien différent à présent; nous marchons entre les arbustes, nous passons à gué une rivière et pendant une partie du trajet le bruit du camp ennemi et le carillon ininterrompu des cloches nous suivent.

Lorsque nous fûmes arrivés au village de T... et entrés dans la maison de notre hospitalier complice, j'étais incapable de toute action. Je me jetai alors sur un divan et m'endormis profondément.

Même jour, à une heure et demie.

La princesse G..., que j'ai quittée tout à l'heure, est bien changée. Je l'ai connue pleine de vie et d'entrain, et cela m'attriste de lire à présent la souffrance sur son visage. Elle habite seule et vit dans la misère. « J'ai peur de me rappeler le passé », tels sont les mots qui s'échappent de ses lèvres. Mon arrivée était pour elle une fête inattendue et heureuse. Des larmes et pas une plainte. « Je supporte tout, mon cher, dit-elle. Il y a trois jours, la princesse L... et moi nous avons reçu l'ordre du comité révolutionnaire de laver le plancher dans les mairies transformées. Eh quoi! toute la journée, les gardiens se sont moqués de nous. La princesse L... est très âgée et le cœur me faisait mal de la voir relever sa robe de soie, gémir et frotter avec une serpillière les planches mal jointes. »

Les clients de l'hôtel sont, pour la plupart, d'anciens généraux et officiers de la Garde; n'ayant pas le sou, ils profitent de l'amabilité du propriétaire, qui les héberge à crédit.

« Ne me quitte pas, mon cher, je n'aurais plus la force de continuer à souffrir. Si seulement je pouvais fuir en Suisse, là j'ai quelques biens venant de ma grand'mère. »

Je suis resté chez elle une heure et j'ai promis de revenir plus tard. A propos, je ne dois pas oublier qu'elle m'a demandé de parler avec un jeune officier qui désire servir sous mes ordres.

Durant ma présence ici (je suis arrivé à neuf heures du matin), un pressentiment peu agréable a pris naissance en moi à la suite d'une rencontre que le hasard me fit faire sur la route avec le général K... Il ne m'a sûrement pas reconnu, mais il a répondu avec trop d'attention à mon salut, en me toisant d'un regard étonné. Une fois de plus j'examine minutieusement mes galons, sur lesquels sont brodées les lettres du régiment bolchevik : rien de suspect.

Je reprends mes souvenirs de la nuit du 25 au 26 octobre.

Il était trop tôt, — l'heure où l'aube timidement filtre à travers les persiennes entr'ouvertes, — lorsque, obligé de me soumettre aux bousculades précautionneuses mais insistantes d'Osbeck, je dus me réveiller et me préparer pour la route. Mes hommes, sauf huit, morts pendant l'attaque, m'attendaient devant la maison; leurs visages tirés indiquaient clairement la dureté de l'affaire de la nuit. L'officier bolchevik se trouvait dans la chambre à côté; par la porte entr'ouverte j'apercevais son visage pâle et fatigué penché sur la cheminée. Il fallait partir sans perdre de temps. La direction, que je devais prendre menait à travers une forêt sauvage et n'était connue que de quelques originaires du pays. Pour l'instant, la mission d'un de ces hommes devait être remplie par l'hôte de notre salle de nuit; d'après les calculs de mon guide, je pouvais arriver à la ville de S...um vers midi, et de là prendre une voiture directe pour le G...re. Mes hommes devaient repartir et m'attendre à l'endroit que nous habitions constamment. Le côté apparent de mon voyage était arrangé de la façon suivante : je m'habille avec l'uniforme de l'officier prisonnier; je rase ma barbe et mes moustaches; ce changement me rendra méconnaissable; du reste, profitant de l'aimable explication de l'officier bolchevik lui-même, je savais exactement à quel régiment j'appartenais, où il était cantonné et à quelle date j'étais envoyé sous les ordres du détachement expéditionnaire de M. D...; connaissant un peu la langue caucasienne, j'espérais passer inaperçu pendant les quatre jours qui étaient nécessaires pour les rendez-vous avec la princesse et avec l'un des partisans d'Alexieff.

Lorsque, sous l'uniforme de campagne de l'officier, entièrement rasé, je suis sorti dans la cour voir mes hommes, mes fidèles montagnards m'ont approché avec étonnement, ne voulant pas croire à cette incroyable métamorphose. Les adieux furent touchants, j'ai vu des larmes dans les yeux des jeunes; j'avoue que, de mon côté, j'étais prêt à embrasser tous ces hardis compagnons, fidèles et subtils, mais sachant que cela causerait une fâcheuse impression à ces êtres superstitieux, je me retins, sautai sur mon cheval et franchis le portail, accompagné par mon vieux guide monté sur une rosse au poil roux. « Que la force du grand Ismaïl soit avec toi! », tel fut le souhait de mes montagnards, qui déjà se préparaient à regagner nos résidences tranquilles et tristes.

Les circonstances qui nous entourèrent cinq minutes après le départ changèrent vite mon humeur vaillante du matin. La forêt épaisse, qui montait toujours plus haut dans la montagne, interceptait la lumière du jour. Maintenant encore, je me souviens que le froid humide de ses hautes futaies réveilla en moi la même émotion que j'avais ressentie dans mon enfance, quand avec mes camarades j'étais entré dans la chapelle ouverte d'un cimetière abandonné. Les chevaux s'enfonçaient dans la neige butaient contre les souches et les branches pourries, frissonnaient nerveusement par suite de leurs efforts incroyables; ils étaient en nage, malgré la gelée qui sévissait durement. Nulle part, on ne remarquait la présence d'êtres vivants, on n'entendait pas d'oiseaux. Je ne vis qu'un renard d'une couleur grise extraordinaire, traversant le sentier devant le cheval de mon guide. On ne pouvait même pas parler de sente, nous marchions à tâtons, nous dirigeant vers l'endroit le plus sûr à nos regards. Il semblait qu'il ne dût pas y avoir de fin à cette masse de forêt glaciale et pénible... Je m'absorbe dans une pensée : combien je pouvais être impuissant et misérable, seul dans cet humide royaume de géants séculaires et inanimés. On raconte qu'il y a très longtemps, cette altière forêt a donné l'hospitalité au célèbre bandit « Radjib », qui y demeura quatre ans, à ciel ouvert, seul avec son cheval.

Ménageant autant que possible nos chevaux, nous avancions lentement. Ce qui me semblait le plus étrange c'est que la forêt, au lieu de diminuer, augmentait en épaisseur et en profondeur. Pendant un arrêt, le guide s'approcha de moi et me chuchota : « Seigneur, au nom d'Allah, pas un son, jusqu'à ce que je te parle moi-même. » La peur que je lisais sur son visage fit naître en moi une irritation nerveuse bien compréhensible, et je continuai à suivre mon superstitieux vieillard avec une obéissance muette. A vrai dire, je n'apercevais aucune différence entre le chemin précédent et celui-ci, mais je ne doutais pas de la présence invisible de quelque chose de surnaturel, auquel je croyais en ce moment malgré mon scepticisme coutumier.

Deux heures plus tard, quand la forêt commença de s'éclaircir, lorsque les chevaux d'un air content prirent la descente et que de loin se dessinèrent en traits éclatants les petits villages brûlants sous le soleil, le bon vieux, se tournant sur sa selle, m'expliqua la cause de son mystérieux silence :

« Cette forêt, me dit-il, est hantée par des âmes méchantes, sur qui règne le roi des forêts; elles sentent très vite la présence d'un homme, et alors pas de salut possible. Il y a un an, le vieux Kesskindg fut trouvé à l'endroit même où nous avons commencé à nous taire : il était mort; autour de son corps, dans une danse enragée et joyeuse, voltigeaient les loups-garous aux pieds tors, les nymphes des eaux avec leurs longs cheveux dénoués, amusaient le roi des forêts, assis sur un trône de neige, qui léchait avec gourmandise son mets préféré : les yeux d'homme.

« Qu'Allah te garde de prononcer un mot! Ils ont l'ouïe d'une finesse extraordinaire... Allah est grand, il est difficile à son obéissant esclave de percer les mystères du créateur. »

Me redressant sur mes étriers, je regardai nonchalamment dans le lointain les taches blanches des maisons de la ville et les voitures qui couraient au-dessous de nous sur la chaussée; tout cela me rappelait à l'existence et me faisait songer à la ville, aux être vivants et dont j'avais une telle nostalgie... Plus de ce froid qui serre le cœur et l'âme. Tant de lumières et de clarté alentour... Voilà où se trouve la vie ensoleillée; là-bas, en ville, point de neige, il y fait chaud; des fleurs par mille et millions, les femmes toutes blanches qui dansent et sourient... Tant de vie, tant de vie... L'horloge sonne trois heures, j'essaierai de continuer après ma visite à la princesse.

7 heures du soir.

Malgré une grande fatigue, je reprends mon journal... Ces deux heures et demie avec la princesse ont passé assez tristement. Parmi les invités se trouvaient deux vieux généraux, dont l'un possédait la capacité de parler sans arrêt, racontant les aventures les plus étonnantes et les plus invraisemblables. J'ai gardé dans ma mémoire une de ces curieuses histoires, arrivée, d'après lui, à son père, sous le règne d'Alexandre III. Je transcris à peu près en conservant sa manière de parler :

« Mon père était jeune encore lorsque le commandant du régiment de la Garde H... reçut l'ordre de le mettre à la disposition de la cour de Sa Majesté. Certes, cette affaire ne fut obtenue que par l'influence de son frère aîné, qui « occupait » un bon coin dans l'humeur de feu l'empereur et qui, entre autres choses, était un des plus intimes adorateurs de la princesse S... Celle-ci, comme vous le savez, était à ce moment-là toute-puissante à la cour. Quoi qu'il en soit, on le présenta à Sa Majesté, dont la taille puissante et les bons yeux tranquilles firent sur lui une grande impression. Une semaine plus tard, parvint l'ordre d'envoyer mon père, le commandant G..., comme aide de camp du prince héritier Nicolas Alexandrovitch, aujourd'hui assassiné par les mains sacrilèges des anarchistes et des vauriens.

« C'est alors, mon vieux, que mon père a commencé à vivre. Nicolas était à cette époque un enfant de onze ans, mon père avait sur lui une grande influence. Un jour, l'empereur avec toute son auguste famille, se rendit à Moscou; mon père accompagnait le Tsarevitch. Voilà où se trouve l'énigme, mon vieux... Les grenadiers de Moscou défilaient à une allure martiale, au pas de parade, sous le regard puissant du géant empereur et la personne enfantine de l'héritier du trône. Lorsque la dernière compagnie fut passée, Sa Majesté, enchantée du maintien des soldats, transmit très aimablement au général commandant la division son désir de donner à chaque soldat cinquante kopeks pour la *vodka*. Au même instant, le jeune prince sortit du groupe, s'approcha du général et lui dit : « Général, vos soldats m'ont beaucoup plu, remettez-leur avec mes remerciements deux roubles à chacun pour boire la vodka. »

« L'empereur stupéfié essaya de cacher son mécontentement, mais une heure plus tard il lavait la tête d'importance à celui qui s'était rendu coupable de cette incongruité. Le prince avoua que c'était le commandant G. qui lui avait suggéré d'agir ainsi. Mon père fut mis une semaine aux arrêts et l'affaire en resta là. »

J'essayais de sourire à cette invention abracadabrante, mais le rire mourut au bord de mes lèvres, en voyant une ombre passer sur le visage attristé de la princesse.

A propos, j'ai rencontré ici le jeune officier en question qui, à en croire ses paroles, a « un grand, réel désir de partager mes misères et mes exploits ». J'ai décidé de l'emmener; ses yeux francs et énergiques m'ont gagné, et je ne crois pas me tromper.

Le Colonel T., l'un des partisans d'Alexieff, doit me rendre visite demain à neuf heures du matin.

Je continue mes souvenirs.

Midi! La sirène de la briqueterie à demi ruinée, hurlait monstrueusement, lorsque d'un pas lent je m'approchai d'une sombre petite cantine. Mon guide, pour ne pas éveiller les soupçons, m'avait quitté à la porte de la ville, espérant, après un moment de repos, prendre le chemin du retour. Comme je m'efforçai de suivre des rues moins fréquentées, je ne rencontrai aucun visage connu dans ces lieux pourtant si familiers.

La sombre cantine, qui s'intitulait ironiquement « le jardin des roses », était vide et je remarquai que le garçon, avant de prendre mon cheval, donnait deux coups de poing sur une masse grasse, courbée sur la table. Lorsque, après quelques secondes, sortit de ce tas de chair, un homme rond et souriant, ayant un tablier troué et sale sur son ventre gonflé, ma déception fut sans bornes.

« Le pauvre Michel est mort il y a 10 jours! Que Dieu le reçoive en son paradis! ce n'était pas un homme, c'était du pain et du sel; comme il était gentil! » m'expliqua le nouveau patron de la cantine, comprenant la cause de mon étonnement.

Malgré ce changement, je laissai mon cheval chez lui et lui demandai de me nourrir le mieux qu'il pourrait. Quelques minutes après, j'avais devant moi un poulet maigre, qui n'était pas de la première journée, dépourvu d'ailes et n'ayant qu'une patte,, un hachis douteux, deux morceaux de fromage fumé et une bouteille de vin rouge suret. Probablement c'était là toute la richesse du « jardin des roses ». Durant tout le repas, je sentis peser sur moi le regard curieux de mon hôte qui s'était raminé.

« Vous allez sûrement vous joindre à cette campagne », me demanda-t-il, en fronçant les sourcils

— « Quelle campagne? répondis-je.

« Non. Je pensais que vous y alliez aussi... Tenez, demain on envoie un détachement rassemblé vers M. pour réprimer les montagnards. On dit qu'ils sont là plusieurs milliers. Le détachement général de M. D. a été trahi et mis en déroute dans le monastère. D'une minute à l'autre on attend l'Abbesse du couvent et l'aumônier qui ont indiqué la route aux montagnards; le gouvernement a ordonné de n'avoir aucune pitié pour ces indomptables sauvages. Je ne sais ce qu'il adviendra de tout cela. »

— Ah bah! marmottai-je, alors ils sont plusieurs milliers, ces indomptables?

— On le dit, monsieur l'officier; vous devez le savoir mieux que moi, ce n'est pas pour rien que le général M... est remplacé par le général T... Ce dernier est connu pour sa décision; ils finiront mal ces montagnards et surtout leur chef. »

Alors le bon patron, sans s'en rendre compte, tira de sa bouche les plus vilains mots possibles sur mon vrai moi :

« Ce n'est pas un homme, c'est un diable, conclut-il; pourras-tu le trouver dans ces montagnes maudites?

— Ne vient-il jamais en ville? demandai-je avec une feinte naïveté à mon interlocuteur.

— En ville... qu'il ose! chaque enfant a son portrait. Il ne vivrait pas deux secondes, monsieur l'officier, deux secondes, comprenez-vous? » s'écria, révolté, le Géorgien bouffi de colère.

Puis, se calmant tout d'un coup, il me dit :

« Vous êtes sans doute Mingrélien, je m'en aperçois à votre accent, quel peuple courageux... Ce n'est pas un peuple, c'est de l'or en barre; pour le bolchevisme, ils mettraient leur âme en gage. »

Fatigué par la volubilité de mon hôte, je me levai de table et, ayant réglé l'addition, je fus reconduit par les convives serviles et ridicules du cantinier jusque dans la rue toute remplie des rayons éclatants du soleil. C'était l'heure du dîner et les rues étaient vides; de temps à autre, au coin des larges boulevards, on rencontrait de petits groupes de flâneurs arrêtés devant des affiches jaunes. Une de ces affiches attira aussi mon atention et quel ne fut pas mon étonnement en voyant que tout ce qu'elle contenait avait trait à ma personne. L'appel invitait les habitants à réprouver l'insurrection montagnarde, et les engageait à liquider cette bande le plus tôt possible. Je continuai à me traîner vers la mer, et, rencontrant opportunément une voiture de place, je m'arrangeai avec le cocher pour me rendre en G..re. A sept heures du soir, nous devions nous mettre en route. Rien à faire; je suis trop habitué aux voyages de nuit.

Des bords de la mer j'avais une vue merveilleuse sur la ville. Elle semblait inondée d'un flot de lumière dorée et, entre les taches vertes des jardins coquets, brillaient les bâtiments blancs, comme sculptés dans l'ivoire; exactement comme s'il n'y avait jamais eu ni guerre, ni haine, ni mort; partout rayonnaient la vie et la paix. Mais s'il eût été possible de percer la montagne du regard pour entrevoir ce qui se passait de l'autre côté de cette côte, on eût pu voir des centaines de gens se sacrifier à l'idée sainte, acceptant le froid et toutes les privations pour atteindre ce noble but. De quelle horreur pouvait être rempli le cœur de celui qui sait être honnête...

Je sens la fatigue tout d'un coup, je me dirige de nouveau vers la ville, ayant décidé de me reposer jusqu'à l'heure de mon départ.

20 *octobre, 7 heures du matin.*

Des fenêtres ouvertes arrive le gazouillement des oiseaux toujours affairés. Un sapin vert balance avec bonhomie ses branches touffues, regardant presque dans l'intérieur de ma chambre somptueuse... Tout mon être est rempli d'une joie extraordinaire. Il semble que bientôt... bientôt doit arriver... ce que mon âme attend depuis si longtemps, ce but vers lequel tend tout mon désir... Mais quoi?... impossible de l'exprimer en paroles... l'accumulation d'une énergie intense, une soif d'activité, une soif d'héroïques exploits s'emparent de mon être. Je me sens rajeuni, renouvelé, fortifié en quelque sorte : cœur, sentiment, forces physiques et surtout confiance en soi-même et en cette œuvre sainte, vers laquelle vont toutes mes pensées, toutes mes souffrances, tous mes espoirs. Que de jeunesse, que d'ardeur elle donne à l'être, l'heure fraîche et matinale! Si Osbeck était là, il en tirerait une pensée philosophique et me dirait par exemple :

« Toutes les grandes œuvres se méditent et se réalisent le matin. Allah l'ordonne ainsi. »

Risible, très bête peut-être, mais risible, à ce moment-là on rit de tout, on se réjouit comme un enfant...

Mais je dois reprendre le fil de mes souvenirs. Où me suis-je arrêté hier? Oui, je continue.

En traversant un des grands boulevards, je m'arrêtai involontairement, ayant remarqué qu'une compagnie de soldats bolcheviks approchait. La curiosité d'examiner « ces braves guerriers » m'immobilisa au coin de la rue; dans la même intention, sans doute, se réunit autour de moi une assez grande quantité de badauds, les vieillards pour la plupart, habillés à l'européenne. La tenue loqueteuse et misérable des soldats me surprit tellement, que je ne remarquai pas les honneurs qui m'étaient rendus; je compris ma bévue trop tard : ne portais-je pas un uniforme de capitaine de l'armée bolchevik caucasienne.

« Vous êtes distrait, monsieur l'officier! » fit derrière moi une voix chantante et désagréable.

Je me retournai. Parmi un groupe de gens parlant avec préoccupation, un visage inconnu souriait, répondant d'une façon provocante à mon regard interrogateur. A vrai dire, en voyant ce sourire, un frisson de dégoût parcourut mon corps. Je ne le connaissais pas; mais ses manières, son rire et l'assurance de son regard fixe évoquaient un de ces hommes qui passent malencontreusement une fois au moins dans la vie de chacun. Dans mon esprit, c'était un type dont le contact portait malheur. Dans tous les pays on rencontre des êtres de cette sorte; ils sont ondoyants et prêts à se vendre. Sa taille était moyenne, d'une maigreur extrême, un peu le type mongol; il était habillé avec prétention d'un costume civil de couleur verte et coiffé d'un large chapeau noir; il paraissait étranger au pays, mais je ne doutais pas qu'il fût Géorgien. Sa barbe épaisse et rousse était bouclée au menton; il la pinçait nerveusement avec ses doigts gras ornés de bagues massives.

S'étant fait une idée approximative de l'homme, pour qui tout mon être nourrissait un dégoût irritant, je traversai la rue et changeant subitement d'avis, je me dirigeai en face, chez le coiffeur. Quel fut mon étonnement, lorsque, en sortant quelques instants après, je remarquai le même homme de l'autre côté de la rue. Sans aucun doute, il me suivait, tout en feignant de s'intéresser à l'architecture de la vieille cathédrale devant laquelle il se promenait.

Voulant le dépister aussitôt, je m'engageai dans une petite ruelle et, passant par de nombreuses rues étroites, je me hâtai vers le « jardin des roses ». La cantine était vide et le bon patron, comme toujours, dormait, courbé sur le comptoir sale et souillé de vin. Le garçon me conduisit dans la chambre choisie pour moi. Le froid et l'air fétide de cette pièce achevèrent d'assombrir mon humeur. Le mobilier se composait d'un lit de bois caché par une couverture graisseuse, de couleur fauve; une table et une chaise boiteuse, un bout de bougie, qu'alluma le garçon dans l'obscurité, fournissait toute la clarté de la chambre, qui n'avait jamais vu la lumière du jour; mais ma fatigue fut plus forte que ma répulsion, et je me laissai tomber sur la couche en l'ayant au préalable recouverte de ma cape caucasienne. Le sommeil ne venait pas... l'irritation nerveuse provoquée par les incidents des derniers jours et ma rencontre avec le type désagréable m'empêchèrent de dormir. Je tournais de côté et d'autre mes membres alourdis ainsi que tout mon corps, sans avoir d'idées précises. Je dus rester dans cet état environ une heure; car, lorsque, n'ayant plus la force de supporter l'humidité suffocante de mon gîte, je sortis, la nuit enveloppait déjà la ville de ses voiles épais et, le long des rues, brûlaient d'un terne éclat les réverbères à pétrole. Je fis d'aimables adieux au gentil cantinier, comptant bien ne plus revenir chez lui.

Il était cinq heures et, le temps qui me restait, je voulais le passer en flânant. Au tournant des grands boulevards, sous une lampe allumée près de la pharmacie de la ville, « mon odieux inconnu », une cigarette au bec, regardait rêveusement le côté opposé de la rue.

« Ça y est, mes hypothèses se justifient; on me suit. Vieil imbécile, je suis pris au piège comme un renard », pensai-je à haute voix. Puis, me rendant compte subitement qu'il était trop tard pour me cacher, je me proposai de diriger moi-même le jeu ouvertement, franchement. Traversant la chaussée, je passai presque sous le nez de l'énigmatique personnage, le frôlant exprès du coude; l'inconnu s'excusa aimablement, me laissa passer en me montrant une rangée de dents blanches et régulières avec son habituel sourire de raillerie; pas un mot de plus.

« Ça ne prend pas, me dis-je. Bien, essayons autre chose. »

Je supposais qu'il devait me suivre partout, puisque depuis deux heures il n'avait cessé de rôder autour de moi.

Je me dirigeai du côté de la mer; là, je continuai ma promenade en suivant le rivage vers le rocher noir, hors de la ville. La silhouette sombre de l'homme mystérieux me suivait à petite distance. Près d'une dalle de pierre qui surplombait la mer, j'arrêtai mes pas et, m'asseyant, je glissai furtivement un revolver dans ma ceinture, afin de prévenir quelque mauvais coup. La silhouette s'approcha; arrivée en face de moi, elle s'arrêta brusquement; je ne pouvais pas voir son visage à cause de l'obscurité ni m'assurer une fois de plus de son sourire moqueur, mais je sentis que le moment était venu pour moi de faire le premier pas.

« Pardon, monsieur, vous aimez beaucoup les promenades nocturnes? » demandai-je, touchant légèrement la visière de ma casquette de couleur.

L'inconnu fit quelques pas vers moi et, avec une ironie non dissimulée, répondit :

« Oui, monsieur l'officier, tout comme vous. »

Je vois sa figure à présent. Les ombres mouvantes ne réussissent pas à en cacher les signes distinctifs. Oh! avec quelle satisfaction je briserais ce crâne, cette gueule objet d'un tel dégoût pour moi et certainement aussi le reste de l'humanité. Mais je me retiens, car j'ai décidé de jouer mon rôle jusqu'à la fin. Il est important de démasquer cet homme... le supprimer ne sera pas très difficile.

« Vous avez tout à fait raison, à cette heure-ci il est agréable de rester seul avec ses pensées, avec son but. »

En achevant ces paroles, je fixais mon interlocuteur. Il se rapprocha alors si près de moi que je sentais son haleine animale, et d'une voix enrouée il me chanta dans l'oreille :

« Je vous connais. Aucun salut, cette fois. Votre folle témérité ne vous servira de rien. Déjà en ville, j'aurais pu vous livrer. Je vous ai reconnu tout de suite, au premier regard; votre famille non plus ne m'est pas étrangère et chacun de vous en particulier, pour la vie entière, vous comprenez, pour la vie, c'est mon but... Je ne vis que pour cela... Vous avez tous un compte à régler avec moi... Que m'importe le gouvernement... l'insurrection... c'est vous, vous qu'il me faut. »

Un frisson nerveux, hors nature, passa sur son visage, tandis que dans sa main droite brillait un morceau d'acier blanc. Je ne pensais presque plus à moi. Ces derniers mots me faisaient entrevoir un mystère; et je commençais à me rappeler les traits de son visage. Mais je ne pouvais rien préciser. Qui était-ce? Pourquoi lui étais-je indispensable? Pour quelle raison ne m'avait-il pas livré? Il voulait satisfaire une vengeance personnelle... Mais pourquoi?

La pointe d'acier blanc réveilla instantanément en moi « le chef du détachement montagnard ». La conservation de ma vie était nécessaire : non seulement pour moi, mais pour tous ceux qui avaient foi en l'Idée que j'incarnais. A la force de mes poignets je lui retournai les épaules et, lui arrachant son revolver, je lui fermai la bouche avec la paume de ma main, pour éviter ses cris d'appel. Mais le mystérieux inconnu ne voulait pas en finir si simplement avec sa vengeance; par un coup de genou inattendu dans l'estomac, il m'assit à terre et se jeta sur moi avec fureur. Ce fut une lutte à mort! Nous cramponnant comme deux bêtes féroces, nous nous étranglions, presque suspendus au-dessus de la mer; encore deux fortes pressions et mon ennemi, dans le vide, me tenant, sans espoir de me vaincre, par le cou, me lança :

« Pour la sœur malheureuse et déportée... frère maudit! »

Je lui serrai la gorge, puis le lâchai... Un jaillissement bruyant de l'eau... et la mer sombre engloutit le corps du vaincu. Alors seulement, m'étendant sur la pierre froide et réfléchissant aux dernières paroles du mort, je devinai de quoi il s'agissait. Comme c'est étrange... Aurais-je jamais pu penser faire cette rencontre? Dans mon esprit ressuscite l'histoire de la mort de mon frère.

Il y a de cela dix ans, j'étais presque un enfant, mais le malheur qui frappa ma famille me donna une commotion dont le souvenir me restera toute la vie. Cette chose s'explique par la profonde et rare inclination que j'avais pour mon frère aîné Georges. Très beau, doué d'un esprit fin, d'une force de caractère incroyable, d'une résolution et d'une hardiesse folles, il était un objet d'admiration pour tous ceux qui l'entouraient et surtout pour les officiers du régiment de la Garde, auquel il appartenait. Passant quelques mois de l'année dans le domaine paternel aux bords de la mer Noire, il avait fait dans une ville de la côte la connaissance d'une riche famille de marchands caucasiens; quelque temps après, entre lui et la fille unique du vieux commerçant, s'alluma une grande passion. Très jeune et jolie, Olga donna son cœur et tout son être au prestigieux hussard qui, de son côté, en perdit la tête. Deux ans passèrent sans une ombre de chagrin. Il semblait que leur amour augmentait de jour en jour, ce qui provoquait l'étonnement et la sympathie de tous. Tout marcha comme dans un conte de fées, aussi longtemps que mon père ignora cette liaison. Terriblement sévère, gentilhomme jusqu'au bout des ongles, il ne pouvait imaginer ni approuver cet amour bourgeois. Il ordonna à mon frère de se présenter à une autre famille, tandis que des gens fidèles prenaient des renseignements sur une fiancée digne de lui. Celle-ci étant trouvée, on proposa à Georges de se marier; il faut dire que s'il se décida à faire ce pas, il avait pour cela des raisons profondes. Mon frère était l'aîné et, mû par ses nobles sentiments, par le respect de notre race et son glorieux passé, il savait qu'il devait être le continuateur de la famille, dans laquelle ne s'était encore jamais glissé un sang étranger ou roturier. Voilà de quels arguments se servit mon père pour obtenir de lui ce consentement.

Quoique cela parût bizarre, Olga accueillit cette nouvelle avec assez de sérénité, et mon frère, l'assurant qu'elle resterait son seul amour pour la vie, elle répondit par le même serment.

Le mariage fut fixé pour le mois suivant. Pendant ce temps, Georges combina des rendez-vous avec sa « bien-aimée » le plus souvent possible. Deux jours avant la cérémonie, mon frère reçut d'Olga une lettre, dans laquelle elle lui demandait de venir passer sa dernière soirée avec elle; la lettre était empreinte d'une telle tendresse et pleine de si grandes supplications, que Georges, malgré sa présence nécessaire dans la famille, voulut combler les vœux de sa maîtresse et partit avec elle dans les montagnes où nous avions un vieux château, gardé par quelques dévoués domestiques. Dans une chambre sombre et spacieuse, dont les murs étaient garnis d'une riche collection d'armes anciennes, et qu'éclairait la flamme tremblante de lourds candélabres, se blottit, heureux et triste, le couple d'amoureux. Les serviteurs, désirant laisser leur jeune maître dans une tranquillité absolue, se retirèrent pour la nuit dans le village voisin. Mais lorsque, le matin suivant, inquiet du long silence de son maître, le domestique, ayant frappé à la porte, ne reçut aucune réponse, il entra brusquement dans la chambre et sa terreur fut indicible : Georges gisait comme une masse informe, les organes génitaux tranchés, sur le lit inondé de sang; près de lui traînait un long poignard rouillé. Son beau visage était figé dans un rictus effroyable et l'on y pouvait lire avec terreur les douleurs qu'il avait endurées avant sa mort. Olga n'était plus dans la chambre, mais sur le plancher on trouva une feuille de papier sur laquelle on lisait ces mots tracés avec du sang :

« Mon cher amour, seule joie de mon âme. Ce qui était mon bonheur partira dans le tombeau. Tu n'aimeras plus personne. »

Ce crime exaspéra les cerveaux et donna cours à toutes les suppositions. N'en est-il pas toujours ainsi? L'opinion publique réclamait la justice. Chose étrange, Olga n'éveilla aucune marque d'intérêt; elle n'eut pas besoin de cela, puisque le jour même du crime, elle se livra elle-même aux autorités, exprimant ainsi sa volonté d'être destinée aux plus cruelles souffrances.

« L'intention de mutiler moralement ma vie m'a empêchée de mourir en paix sur la couche de mon amant. Choisissez un châtiment digne de ma férocité », réclama-t-elle au tribunal.

Le verdict de la justice la condamna à la déportation dans l'île de Sakhaline, où elle fut en proie aux plus durs tourments physiques et moraux. Mais la pauvre fille s'était trompée dans ses calculs, ce n'était pas si facile de se mutiler ainsi à son âge. Au bout de très peu de temps, elle écrivit des lettres exhalant une douleur intolérable et des appels désespérés. Les supplices d'enfer auxquels elle était soumise dépassaient les forces de son organisme délicat. Pouvait-elle supporter la compagnie des plus habiles professionnelles du crime avec qui elle travaillait côte à côte dans les mines?... Son unique frère, Stéphane, mit en œuvre tous les moyens pour sauver sa sœur aimée. Le résultat fut nul. Une seule voie possible de salut : mon père. S'il avait voulu intercéder auprès de l'Empereur, Olga aurait pu être libérée. Je me souviens confusément de ce Stéphane se traînant à genoux devant mon père. Mais ce dernier fut inexorable. Il ne pouvait pardonner à celle qui l'avait privé de ce fils qui flattait en lui l'orgueil de la race. C'est de ce jour que le frère d'Olga avait juré de se venger. Un an après, exactement, mon père était blessé à la main gauche pendant une promenade à cheval. L'auteur de cet attentat manqué resta introuvable. A présent, tout s'éclaire pour moi sur la personnalité de celui qui voulut tuer mon père. C'était ce Stéphane. Quelle étrange rencontre! Il était écrit qu'il devait mourir de ma main. Mieux vaut qu'il en soit ainsi pour l'un et l'autre. Il ne me cherchera plus et je ne le dérangerai jamais. Un ennemi de moins!...

Troublé par les événements qui s'étaient déroulés d'une façon si surprenante et avec une telle rapidité, je m'en retournai vers la ville, hanté par l'image de « mon persécuteur roux »... Le cocher m'attendait sur la place avec trois chevaux fougueux, attelés à la *troïka*. Nous nous élançâmes sur la route. Mon *isvostchik* se montra très loquace. Il me raconta l'une après l'autre d'amusantes histoires, au cours d'une desquelles je me plongeai dans le sommeil, qui me tint presque jusqu'au G..re. Quand je me réveillai, le temps était morne. Le soleil perçait à peine entre les nuages inquiets, et les rares petites maisons, au bord de la route, se cachaient, contentes, sous le voile des tilleuls gigantesques. Lorsque j'approchai de l'entrée pittoresque et fleurie de l'hôtel V..., le soleil avait remporté une victoire définitive sur les nuages et ses rayons jouaient sur les fenêtres ouvragées de mon nouvel et luxueux asile.

Enfin, il me semble que j'en ai fini avec mes souvenirs.

Mon Dieu! il est presque midi...

Où sont-ils? Est-il arrivé quelque chose?

L'un des Alexieff devait être là à neuf heures... Je ne vois même pas mon nouveau complice, le jeune officier. A tout hasard, je cache mon journal sous mon aisselle. J'ai le pressentiment d'une chose désagréable.

29 *octobre*.

A peine eus-je le temps de mettre mon journal dans ma poche et d'allumer une cigarette, que l'on frappa doucement à ma porte. Le visiteur était le jeune sous-lieutenant Omski, mon nouveau subalterne. A son visage excité, je compris qu'il se passait quelque chose d'anormal.

« Pourquoi êtes-vous si en retard? Et le colonel qui n'est pas encore venu! Y a-t-il de la casse? » demandai-je, attendant d'avance une réponse qui justifiât mes suppositions.

« Ça va mal, mon commandant, me dit Omski doucement mais militairement, le colonel est arrêté. Toute sa correspondance est entre les mains des bolcheviks. En ce moment, les détectives perquisitionnent chez la princesse. J'ai peur qu'ils ne soient déjà informés de votre présence en Gagre. Si j'ose vous suggérer une idée : le seul salut, c'est la fuite le plus vite possible.

— De quelle manière le colonel s'est-il laissé prendre? Il me semble qu'il cachait si soigneusement sa personnalité », dis-je encore à mon jeune complice.

Mais il ne put me répondre. On frappait de nouveau à la porte, cette fois plus fort et plus résolument. Aucun doute, on venait pour « mon âme ». Ayant ordonné à Omski de se cacher derrière la grande armoire, je m'installai vivement à ma table de travail, en donnant à ma physionomie une expression préoccupée.

« Entrez, s'il vous plaît! » criai-je vers la porte, d'un ton peu aimable.

Deux officiers en uniforme bolchevik entrèrent dans la chambre, en me saluant d'un air guindé. Je me levai et, sans montrer aucune confusion, je répondis à leur salut et les invitai à prendre place sur le divan à côté.

L'un des deux était lieutenant-colonel, l'autre capitaine.

« Vous avez quelque chose à me dire, messieurs les officiers? » leur demandai-je en souriant.

Le colonel, âgé de quarante ans environ, de taille élancée, les traits brutaux, portait sur la poitrine plusieurs décorations inconnues. Il commença à s'agiter sur le divan, et d'un air sévère me répondit :

« Quelques renseignements. »

Constatant qu'à sa réponse il n'ajoutait pas mon grade, — ce qui est absolument de rigueur entre militaires, — je compris que j'étais découvert. Mais sans me démonter, avec insolence et sans baisser les yeux, je dis :

« A votre disposition. »

Le colonel s'approcha de moi et, remarquant son sourcil qui remuait nerveusement, je devinai qu'il avait de la difficulté à commencer son enquête, malgré son air expérimenté et farouche.

« De quel régiment? commença-t-il avec maladresse.

— Du 14e régiment d'infanterie, répondis-je avec aplomb.

— Qui commande le régiment?

— Le colonel K...

— Où est-il campé?

— Dans la ville d'Ozourget.

— Fort bien. Quand fut formé le régiment et par qui?

— Le 1 décembre 1917, par le lieutenant-colonel T...

— C'est trop fort, marmotta le colonel. Vous êtes bien renseigné sur ces petits détails. Mais quel est votre nom, monsieur le capitaine? »

Ici, j'avoue que je balbutiai. Cela peut paraître invraisemblable, mais je n'avais pas songé à cela depuis mon déguisement. Et maintenant, malgré ma grande réserve de noms géorgiens, je ne pouvais trouver subitement une réponse. Comme il fallait gagner du temps, je pris dans ma poche mon porte-cigarettes et avec une grimace aimable proposai à mes hôtes de fumer. Ils refusèrent, mais mon choix était fait. Si vous ajoutez à n'importe quel nom les lettres « dze », vous deviendrez Géorgien.

« Ainsi, vous voulez savoir mon nom... Je pensais que vous le saviez : Capitaine Manadze. »

Le colonel me mesura fixement du regard; puis, ayant lentement mis sa main dans sa poche de côté, en sortit un papier. Se levant alors du divan, il approcha de mes yeux ce mystérieux carré.

« Vous ne connaissez donc pas ce monsieur? » dit-il.

J'avais devant moi une de mes photographies en uniforme d'officier de cavalerie.

« Tout est perdu... », pensai-je.

Je n'eus pas le temps d'achever ma pensée... De l'autre côté de la chambre partit une détonation, et le colonel tomba avec fracas sur le parquet. Comprenant instantanément que c'était une intervention très réussie d'Omski, je me jetai habilement sur le capitaine, l'assommant d'un coup sur la tête avec la crosse de mon « Mauser ». Puis... deux grands sauts par la fenêtre, et nous voilà dans le parc de l'hôtel V...

Usant de toute la vitesse de nos jambes, nous gravissions une montagne, nous cramponnant aux branches des arbres ou des arbustes qui nous facilitaient la montée. Dix minutes plus tard, une fusillade crépita dans notre direction; les balles sifflaient autour de nous, et l'une d'elles blessa légèrement Omski au pied. Nous montions toujours plus haut et nous étions sûrs de rencontrer, sur l'autre versant, des bergers qui nous aideraient à continuer la route sur leurs petits chevaux montagnards.

Il en fut ainsi. Au bout d'une heure d'une marche fatigante, nous entendîmes le bêlement des moutons, puis les cabanes à deux murs apparurent à nos yeux.

Ces gens, ayant appris nos noms, tombèrent à genoux devant moi, pour mettre leur joue sur le bord de mon habit. Ma popularité était forte en ces lieux.

Sans perdre de temps, nous montâmes à cheval, afin d'arriver au plus tôt à l'asile voisin : foyer des bergers, où nous pouvions être absolument tranquilles, loin de nos ennemis.

Le chemin passait par d'étroits sentiers au bord de précipices, et les petits chevaux nous menaient avec rapidité. Tout gelés par le froid, nous atteignîmes le terme de notre voyage. Là seulement, fatigué et surexcité, je pris dans mes bras le fidèle et courageux Omski, qui était au septième ciel d'avoir pu si vite me prouver son dévouement.

Ce matin, je me suis levé très tôt. La première chose que je fis, fut d'écrire dans mon journal les faits d'hier. Mon sous-lieutenant rôde dans les environs, espérant abattre quelque pièce de gibier. Je suis installé près d'un foyer, au milieu de la cabane à deux murs et je combine le plan de ce que nous allons faire.

29 *octobre, pendant la nuit.*

Je suis assis devant quelques torches allumées qui fument si fort qu'elles me permettent à peine de distinguer les lignes de mon journal. Omski dort près de moi. Alentour, une tranquillité solennelle. On entend rarement un bêlement de mouton, ou le hennissement d'un cheval attentif, se répercutant dans la nuit. Deux grands chiens de berger gardent les côtés ouverts de la cabane. Il y a quelque chose de grandiose dans cette vie de montagne. Les gens eux-mêmes sont différents : grands, puissants, simples, avec un jugement sain sur le monde; les mesquineries des villes, la haine, l'envie, la vanité, leur sont inconnues. Il y a tant de franchise, de noblesse dans cette nature peu compliquée du montagnard!

Demain matin, à la première heure, le sous-lieutenant s'en ira à la recherche de nos hommes, accompagné d'un berger qui connaît bien le chemin.

La blessure d'Omski n'est qu'une bagatelle; deux pansements faits par un vieillard avec une herbe mystérieuse nous font espérer que tout sera terminé dans deux jours. En tout cas, il peut marcher. Si tout va bien, mes hommes seront ici après-demain, 1er novembre. De mon côté, je m'occupe d'un autre travail, sur lequel je préfère me taire encore. Le projet est très hardi, je ne sais s'il réussira.

30 *octobre*, 11 *heures du matin*.

Le vieil Abragui, qui inspire un grand respect dans ces contrées, a passé une heure avec moi sans laisser de répondre à mes questions. Ayant commencé à l'âge de douze ans « sa carrière » de berger, mêlé, Dieu seul le sait, à quelles affaires, il a justement mérité, à soixante-dix ans, le surnom de « grand-père de la montagne ».

Il parla avec moi sur un ton d'admiration, bénissant mon idée de lutte. Il ne peut imaginer le monde sans la Russie et sans « le grand tsar russe ».

« Est-ce que tu me connais, Abragui? fut ma première question.

— Allah te connaît; je n'ai pas besoin de te connaître; j'ai entendu parler de toi.

— Ma tentative est-elle juste, et crois-tu à ma victoire?

— Qu'as-tu à faire de la foi des autres? Si tu crois toi-même, tu gagneras. Par ta foi, les autres te croiront, Monseigneur. »

Son tact et sa délicatesse spécialement montagnards ne lui permettaient pas de dire des mots superflus. Ces gens sont aimables et remplis de tact, même lorsqu'ils tuent leur plus détestable ennemi. Lui ayant exposé ma situation, je lui dis :

« Vois-tu, Abragui, des hommes me sont nécessaires. Les miens ne sont pas encore ici, et dans « mon métier », je ne peux pas rester sans « travail »; qu'en penses-tu, pourrais-je recruter parmi vous quelques dévoués volontaires? »

Cette fois-ci, le vieux montagnard ne réfléchit pas longtemps pour me répondre :

« Monseigneur, si Allah me permet de mourir à l'ombre de la pensée qui t'a conduit à ce grand exploit de la lutte pour la Vérité, je serai l'esclave le plus heureux du Prophète. Mais les jeunes!... tu n'as qu'à les regarder, ils seront contents de redoubler leurs coups contre l'ennemi.

— Merci, Abragui. Je crois que les vieilles et nobles traditions n'ont pas tout à fait disparu. Mais, dis-moi, s'il te plaît, par exemple, le nombre d'hommes que je pourrai avoir pour trois heures aujourd'hui.

— Aujourd'hui! si tu me laisses tout mon temps jusqu'à trois heures, je t'amènerai cinquante hommes armés et cinquante sans armes. Il faut que je puisse visiter les foyers voisins.

— Merci, Abragui. Dis-moi encore une chose. Y a-t-il un village peu éloigné d'ici?

— Non. Il faut descendre. A quinze kilomètres d'ici, il y a une agglomération de dix mille âmes, mais les habitants sont pour la plupart Grecs, Arméniens et Mingréliens. Pour le moment, ils sympathisent avec les Soviets. Mais, c'est une question de force, Monseigneur. Si tu étais au pouvoir, ils seraient pour toi. A des gens ordinaires on ne peut pas demander mieux, et ces peuplades surtout... elles sont fidèles tant qu'elles sentent le *knout*.

— Bien, Abragui; alors, à trois heures, je t'attends avec les hommes.

— Crois, Monseigneur, comme les bergers montagnards croient que chaque étoile filante leur apportera le lendemain un agneau nouveau-né. A trois heures, cent hommes fidèles seront fiers de mourir sous ton étendard blanc. »

D'un pas lent et grave, le blanc montagnard disparut au tournant du rocher vert... Mon Dieu, comment peut-on se complaire à tant de choses mesquines dans notre petite vie, en voyant ces natures si courageuses et si nobles?

30 *octobre*, 3 *heures et demie*.

Ça y est, Abragui a tenu parole. Sur un plateau de la montagne voisine, je vois le groupe compact des gens avec leurs capes jetées sur les épaules... Crois, crois à ton étoile; pauvre officier, tu n'es pas tout à fait seul. Il y a encore des êtres capables de mourir pour un noble idéal.

Plus tard.

Vigilants, jeunes, ayant une foi absolue en moi, les volontaires courbèrent la tête devant mon salut. Cinquante-deux sont armés de fusils et de grands revolvers S.V. Ils sont habillés en Tcherkesses gris, ce qui moule joliment leur taille; sur la tête, le papak d'astrakan, baissé jusqu'aux yeux, leur donne une expression farouche de guerriers. C'est ce qui est nécessaire pour mon affaire.

Je demandai à Abragui d'ordonner aux hommes non armés d'entreprendre un « travail mystérieux » : de leur procurer de grosses branches de sapin et de découper vivement dans ces morceaux un semblant de fusil. Très étonné, Abragui ne comprend pas pourquoi j'ai cette idée folle.

6 *heures du soir.*

Les faux fusils sont prêts. Avec quelle habileté ils ont réussi à les faire ! Maintenus de deux côtés par des courroies et jetés sur les épaules, ils ont l'air d'être authentiques. Enfin, pour les yeux, j'ai cent hommes armés. Il n'y a aucune importance à ce que cinquante ne tirent pas.

L'audace, c'est une grande chose, mais l'impertinence est plus grande encore. Nous commençons ainsi une nouvelle marche.

31 octobre, au matin.

Le village de Kama, duquel je m'approchai à dix heures du soir avec ma « nouvelle armée », est situé dans un vallon encaissé entre des montagnes couvertes de plantations de tabac. Les planteurs sont Arméniens et Grecs. La petite distance qui le sépare du G..re se trouve très augmentée par la dureté du chemin, qui traverse des pentes rocheuses.

Tout le village était plongé dans l'obscurité et le sommeil; aucune lumière ne perçait la nuit quand nous débouchâmes tout contre les *isbas* des habitants. Il fallait commencer à réaliser mon plan.

Ayant séparé du détachement vingt-cinq hommes armés et vingt-cinq sans armes, je leur ordonnai d'encercler le village le mieux possible et de ne laisser passer âme qui vive; avec le reste de ma troupe, je me dirigeai vers le centre des habitations. Près d'une maison plus convenable, je m'arrêtai, et frappant fort contre une fenêtre, je criai :

« Ouvre la porte, maître. »

Aussitôt s'éleva dans la demeure une vive agitation, et un Arménien sale et hirsute se montra dans l'embrasure de la porte.

« Où se trouve l'église? » lui demandai-je sévèrement.

Jetant un regard anxieux sur moi et mes soldats, il répondit d'une voix tremblante :

« L'église... quelle église vous faut-il? Il y en a deux : l'orthodoxe et l'arménienne.

— Il me les faut toutes les deux. Habille-toi et viens avec nous. Mais vite, âme à vendre! »

Effrayé à mort, le pauvre planteur disparut dans l'intérieur de sa maison et revint aussitôt vêtu d'un pantalon trop large et d'un veston ridicule, trop étroit pour ses épaules. Les ruelles étaient tortueuses et sales; tout le village sentait une désagréable odeur de brûlé.

Devant une grande porte peinte en jaune, notre satellite prononça :

« Voilà l'église arménienne et le prêtre habite ici. »

De nouveau un grand fracas, le trouble encore dans la maison qui s'éclaire, et le vieux pope vient à notre rencontre.

« Quel service puis-je vous rendre, mes enfants?

— Mon père, j'ai à vous parler. »

Et m'approchant d'un des miens, je lui murmurai :

« Pars avec le guide et amène vite ici le prêtre orthodoxe. »

Puis j'entrai dans la maison du pope arménien.

« Voici de quoi il s'agit, mon père. Il est nécessaire pour vous de faire sonner sans retard le tocsin. »

Le prêtre réfléchit, ne comprenant pas quelles pouvaient être mes intentions.

« Le tocsin? Est-il donc arrivé un malheur?

— Non, dis-je, au contraire, un grand bonheur.

A présent se trouve chez vous le célèbre X..., qui va honorer votre village d'une mobilisation. »

Un sourire astucieux courut sur le visage du prêtre.

« Ah! c'est vous. Bien. Que Dieu vous protège alors! Je suis content, si vous voulez. Seulement, je ne veux pour rien au monde être mêlé à cette affaire.. Vous le savez, la force est changeante. Demain, *ils* peuvent vous remplacer. A vrai dire, je suis plus content de vous voir. On parle tellement de vous... en bien... ma fille ne fait que rêver de vous et de vos exploits. »

Il sourit encore et cria de sa voix fêlée de vieillard :

« Khabis, ma petite Khabis, viens ici. »

La porte en face de nous s'ouvrit sans bruit pour laisser passer une grande fille, svelte, aux cheveux noir comme du jais, aux sourcils épais et arqués; ses yeux étaient baissés; on voyait que, malgré ses dix-huit ans, elle était gênée par la présence d'un étranger.

« Approche-toi, Khabis. Ne te gêne pas. Baise la main du seigneur. Il est notre hôte inattendu et désiré. »

La fille avança de quelques pas et, voulant l'aider à sortir de son embarras, je lui tendis la main, qu'elle brûla, à mon étonnement, d'un baiser de ses lèvres chaudes. Je me sentis rougir de honte.

« Ne faites pas attention à sa timidité, Monseigneur. Elle ne parle qu'à vous. Mais quelle beauté, voyez... les lis et les roses... toute jeune encore... pas touchée. »

Le bon accueil du vieil Arménien me rendit méfiant, comme s'il eût voulu me glisser sa fille. « Le pope malin a une idée derrière la tête. »

« Alors, où en sommes-nous du tocsin, mon père? dis-je, coupant court à la conversation sur la fille.

— Je donne l'ordre aussitôt, mon fils. »

Au même instant, entra comme une flèche le soldat qui venait pour faire son rapport; le prêtre orthodoxe m'attendait dans la cour.

Ce nouveau représentant du pouvoir religieux était l'antithèse de l'Arménien. Assez jeune, habillé avec chic de sa soutane sombre, il était un partisan violent des bolcheviks et refusa net ma proposition.

« C'est de la violence, le peuple ne sympathise pas avec vous! se révolta-t-il.

— Le peuple! Est-ce que jamais personne lui a demandé ce qu'il pense? Faites montre de force, et il ira avec vous « au feu et à l'eau ». Souvenez-vous que, dans une heure, vos gens me crieront : hurrah! et dans la première bataille ils « donneront leur tête à couper pour mon Idée. »

Laissant à la garde de deux volontaires cet intraitable ecclésiastique, je me dirigeai vers l'église orthodoxe. Là, se groupaient déjà quelques curieux, parmi lesquels le sacristain. Je lui fis signe d'approcher.

« De quelle manière sonne-t-on pour annoncer une grande joie ?

— D'un gai carillon, répond-il.

— Monte à la tour et sonne le tocsin. J'apporte la grande nouvelle de la résurrection de la Russie. »

Le vieux sonneur en haillons monta sans une parole à son clocher et bientôt s'égrena dans l'air le son des cloches invitant les orthodoxes à se réunir sur la place.

En même temps, les cloches de l'église arménienne lançaient leur appel à toute volée.

Dérangés par ces bruits inusités, les habitants accoururent au rendez-vous pour savoir la cause de cette alerte nocturne.

La place ne tarda pas à se remplir, tandis que mes cinquante hommes, sans être remarqués, l'encerclaient.

Je me plaçai au milieu et me fis présenter les doyens de chaque nationalité. Trois vieux, de types différents, dont la poitrine s'ornait de chaînes en cuivre, me saluèrent.

« Au nom du grand Tsar et de l'Empire russe, j'exige que, dans une heure, tous les hommes valides soient à ma disposition. Ceux qui désobéiront seront fusillés comme des chiens, et du village il ne restera pas pierre sur pierre. »

Puis m'adressant à mes soldats, je dis militairement : « Dites de suite à mon armée qui entoure le village, d'être sans pitié pour les fuyards. »

Atterrés par cette nouvelle, et surtout par « l'ordre impérial », le peuple n'osa pas ouvrir la bouche et, en une heure, 900 soldats des trois nationalités mélangées — armés de vrais fusils à cinq coups et de grands revolvers — étaient rangés sur la place communale. Je passai sur le front des recrues, les examinant tous d'un regard perçant, et puis, à la fin, je m'écriai :

« Etes-vous prêts à venir avec moi sous le drapeau blanc de la couronne russe, qui saura toujours vous remercier de vos services. »

« Nous sommes prêts », fut la réponse générale.

Souriant involontairement, je donnai l'ordre de me suivre, plaçant à tout hasard mes montagnards derrière eux. Mes autres hommes devaient nous rejoindre à la sortie du village. Mon intention était d'aller d'abord au foyer de mes bergers.

Quand nous fûmes devant l'Eglise arménienne, le pope accourut et m'invita énigmatiquement à lui dire deux mots. J'ordonnai au détachement de faire halte et entrai chez le prêtre. Dès le vestibule, mal éclairé, celui-ci me prit par le bras et me dit à voix basse :

« J'ai quelque chose à vous proposer, aussi bien pour vous que pour moi. Notre Eglise est très riche... beaucoup d'or et de vieilles pierres précieuses. Ça ne vous coûtera rien... Entrez dans l'Eglise et faites-y une razzia... Nous partagerons les objets... Je dirai « aux pouvoirs » que votre bande a pillé le lieu saint... c'est l'affaire de deux minutes... aussi bien pour vous que pour moi... Et la fille... si vous voulez... elle est jeune... pas touchée... des lys et des roses. »

Je fus tellement interloqué de sa proposition, que je ne trouvai pas à lui répondre aussitôt. Ah ! voilà ce que signifiait la bonté et le sourire malin du pope arménien.

« Sale individu », puis-je dire enfin, « vous vous êtes trompé dans vos calculs. Je n'ai pas encore de bande pour une action semblable. N'étaient votre robe et vos cheveux blancs, j'ordonnerais qu'on vous soumette aux plus terribles supplices et à la dérision. Vaurien, âme à vendre, infâme. »

Outré, je me précipitai hors de cette maison de lâche, et je continuai ma route.

Voici deux heures que je suis levé; j'écris mon journal. Ma « nouvelle armée » est campée autour de ma cabane et je ne doute pas une minute de sa fidélité. Ce qui n'est pas bien, c'est que, pour leur dîner, mes hommes ont abattu 40 moutons appartenant à des pauvres bergers !

1er *Novembre*.

La rencontre avec les miens fut une joyeuse fête. J'embrassai l'un après l'autre : Omski, Osbek et tous mes vieux compagnons d'infortune. Osbek n'a pas changé du tout. Il est toujours le même, avec son visage pensif et préoccupé. Ce long temps passé loin de moi l'ennuyait; mais il était persuadé de mon retour.

Dans ma caverne règne toujours le même froid et la même humidité; le seul changement qu'on y a apporté, vient de ce que mes hommes, ayant attrapé entre les arbustes un aigle malade, l'installèrent sur ma couche de pierre, pendant mon absence. L'oiseau fut remis en liberté le jour du départ. En voyant mon armée, Osbek me dit :

« Ce sont tous tes hommes, je savais que cela marcherait à souhait. Tout est entre les mains d'Allah ».

Le pauvre sous-lieutenant n'en peut plus. Sa pénible randonnée à travers la montagne l'a tellement fatigué, que depuis son retour il dort à côté du feu.

La journée du 31 s'est passée sans événements particuliers.

2 *Novembre — dans la matinée.*

Hier soir, je décidai définitivement de reprendre une véritable offensive contre l'ennemi. Les hommes durent vérifier leurs armes et se préparer une « humeur guerrière ».

Ce matin, je partageai mon régiment en 3 parties, dont 2 sont commandées par Osbek et Omski. Mon plan est d'occuper la ville et le monastère du « Nouvel Athos », qui sont situés entre les deux points militaire de S...um et du G..re. Si l'opération réussit, j'obtiens les avantages suivants : d'abord je capture le régiment de cavalerie ennemi, dont les chevaux nous rendront de grands sevices;

ensuite, au point de vue stratégique, je coupe en deux tronçons l'armée bolchevik caucasienne, qui opère sur la mer Noire.

Le « Nouvel Athos », se trouve tout au bord de la mer, noyé dans des jardins pittoresques et des parcs de palmiers. Il se nomme ainsi en souvenir du célèbre monastère de la Chalcidique. La tradition rapporte que St-Jean Chrysostome, envoyé en exil par l'impératrice Eudoxie y mourut en 407.

Toute cette côte fut d'ailleurs remplie de faits historiques ou mythologiques; Prométhée passa de nombreuses années enchaîné dans les gorges près du Gagre, et les habitants de ce pays se croient ses descendants...

Gracieuse, toute en fleurs, la jolie S....um portait autrefois le nom de « Dioscouria » — célèbre comptoir grec, où, pendant une de ses expéditions, Alexandre le Grand, Roi de Macédoine, tomba follement amoureux d'une bergère, qui réussit ainsi à sauver des mains du bourreau près de mille hommes condamnés par le farouche conquérant.

Le peuple reconnaissant, nomma en son honneur le village où elle naquit, « Eternel Sauveur »; les gens de cet endroit se disent les plus heureux du monde. La ville de Dioscoura a été engloutie peu à peu par la mer, car cette dernière gagne à chaque siècle sur le continent. Par une journée sereine, comme je me promenais en barque près de Sou-Khoum, j'aperçus les bâtiments de pierre et les rues droites de l'ancienne ville sous la mer; un de mes camarades put même retirer, en plongeant, deux monnaies d'or du temps d'Alexandre.

A 10 kilomètres de S...um se trouve la grandiose église édifiée par Constantin le Grand. Ce contraste d'antiquités remarquables avec le dénûment d'aujourd'hui, fait une profonde impression. Je me souviens qu'en entrant sous la voûte de cette belle Eglise, où tout respirait une civilisation raffinée, je crus vivre moi-même à une autre époque.

Près de ces endroits coule la rivière sur laquelle est bâtie la ville de P..i, où Jason débarqua pour chercher la Toison d'Or; la maison de pierre, où il habita quelque temps, dit la légende, fut transformée plus tard, par un des sultans turcs en un lieu où l'on réunissait les plus jolies filles du Caucase, choisies pour les caresses du voluptueux Padichah.

Mais je vais trop loin dans l'histoire... Il me reste à me couvrir de ma cape pour être prêt pour la marche.

Toujours avec ce même chagrin, que cause la séparation, je quitte ma demeure. Quelqu'un aurait-il le courage de ne pas laisser tomber une larme de regret et de reconnaissance, là, où des êtres d'une si rare finesse nous ont accueillis avec tant de cordialité?

Adieu, montagnes; peut-être reviendrai-je vers vous encore une fois; en tout cas, je suis sûr que vous serez les seules amies qui ne me refuseront jamais un gîte.

« Ta Foi te sauvera ».

2 Novembre, 5 h. du soir.

J'occupe avec mon armée le « Nouvel Athos »; l'ennemi n'a pas tenu la position, il a pris la fuite, mais il fut vite rattrapé par les détachements d'Omski et d'Osbek qui encerclaient la ville des deux côtés.

Mes gens se sont battus avec un dévouement et un courage incroyables. A présent, outre mes 1.000 hommes à pied, j'en ai 500 à cheval; beaucoup d'armes et 2 batteries légères, commandées par un officier russe, contraint de tirer sur nous jadis et qui, avec une joie sans pareille, a passé dans nos rangs.

Mon pur-sang bai, qui appartenait en premier lieu au commandant du régiment ennemi, est une beauté. La plupart des soldats faits prisonniers se sont engagés à mon service; des Mingréliens, pour la plupart, accoutumés à ces vicissitudes.

Des moines hospitaliers nous ont reçus à bras ouverts, et ils nous ont nourris le mieux possible. Ils chantèrent un *Te Deum* spécial pour notre victoire. A propos, il y a ici un très bon vin, mais j'ai défendu à mes volontaires d'en boire. Ce que je ne peux pas oublier, c'est qu'en entrant dans la ville, la première chose que j'entendis fut le cri d'être invisibles. C'était celui des cygnes, nageant sur l'étang du monastère et qu'alarmait le bruit inconnu de nos salves. L'occupation de la ville s'exécuta promptement, j'attaquai le front, tandis qu'Omski et Osbek attaquaient les ailes; comme toujours les Géorgiens ne nous attendaient pas et nous les eûmes sans grande défense.

Que c'est merveilleux ici!... La nuit est sur le point de tomber; un parfum s'exhalant des arbres odoriférants, se répand dans l'air. La mer, comme de l'acier... ne bouge pas.

Dans la cour on se prépare. Sans perdre de temps, je fais reprendre la marche. J'envoie Omski avec un détachement s'emparer de la garnison du G..re. J'espère qu'il réussira, parce que le G..re forme la frontière Géorgienne et qu'« ils » ne pourront recevoir aucun secours. Je me dirige droit sur S....um; c'est un peu plus dangereux, car l'ennemi, grâce à son alliance directe avec T...is, aura toujours les moyens d'avoir une aide. Mais Dieu et notre Foi sont avec nous!

7 heures du soir.

Je me trouve avec les miens à 5 km de la ville. Les bolcheviks nous attendent, d'après les renseignements de nos éclaireurs, qui ont pu remarquer que l'unique front est gardé par des troupes d'infanterie pourvues de mitrailleuses. Je combine un nouveau plan. Essayons de les tourner. Il faut pour cela changer un peu notre direction, monter dans la montagne, mais nous y sommes habitués. L'infanterie reste sur place, tandis que la cavalerie passe la rivière à gué, au-dessus du pont.

Que le diable les emporte! Comme j'ai faim! Est-ce un signe de réussite?

9 heures du soir.

Avec les gardes du pont, les comptes sont réglés. Il faut reconnaître que l'ennemi s'est bien battu. Les miens l'ont défait dans un combat corps à corps, avec leurs poignards. Le pont est passé; pour la ville, c'est plus difficile. J'en ai ordonné le bombardement, me décidant à marcher sous la défense de mes batteries légères. Les bolcheviks ne peuvent nous « avoir » avec leurs canons lourds. Toute la ville est illuminée, comme pour nous narguer. Osbeck croit à la victoire et soutient la vigilance des volontaires. Pas un ne connaît le maniement de la mitrailleuse... Il faudra prévenir l'officier d'artillerie quand nous en aurons besoin... Mes canons commencent à « cracher ». Je charge devant mes cavaliers. Quelle folie! mais c'est le seul moyen de salut.

2 heures du matin.

Notre charge fut reçue par une grêle de balles. Sur la droite, derrière de sombres masses indistinctes, les mitrailleuses tiraient sur nous, fauchant sans pitié ma cavalerie. Poussant un cri surhumain, je me jetai sur les mitrailleuses; les chevaux butaient, tombaient; plus tard, je sus que nous nous trouvions dans un cimetière hors de la ville. Nous sabrions à droite et à gauche. Nos cris de victoire s'unissaient aux clameurs de panique des Géorgiens. qui fuyaient. Mon infanterie avançait sur la gauche, tandis que l'artillerie changeait vite ses positions, bombardait habilement le côté opposé de la ville éclairée par plusieurs incendies. L'ennemi ne put tenir plus longtemps, il décida de tout abandonner. D'un galop enragé entre les rues étroites, je le poursuivis avec mes cavaliers, après avoir ordonné à l'infanterie de se placer sur les points occupés.

Durant dix kilomètres, nous chassâmes les bolcheviks; et quand je revins, la ville était pleine de lumières éblouissantes, de phares électriques et tout le chemin, de la porte au centre, était jonché de fleurs. Les habitants, groupés le long des trottoirs, criaient : hourrah!

J'arrivai ainsi jusqu'à l'hôtel de ville; là, après avoir chargé Osbeck d'occuper toutes les positions avec son détachement, je fis venir le maire.

« Annoncez ma bienvenue aux habitants; tranquillisez-les et assurez-les que la victoire qui m'amène ici est une joyeuse fête de l'étape qui nous conduit vers l'accomplissement de notre grand but : la résurrection de la Russie. »

Je me dirigeai ensuite vers la chambre préparée pour moi. Un repos était bien nécessaire pour réparer mes forces.

3 *novembre, 2 heures.*

Le banquet donné en l'honneur de mon arrivée réunit toutes les notabilités de la ville.

Des toasts pleins d'animation, des fleurs et des souhaits pour la victoire définitive, le tout confirmé par les nombreuses bouteilles que l'on vide...

La tête me tournait, faute d'habitude à tout cet éclat : les lumières, les robes décolletées, les smokings, la gaieté, les sourires insouciants.

« N'est-ce pas un rêve? pensai-je, et si c'est un rêve, durera-t-il longtemps? »

Parmi les femmes coquettes et poudrées, le joli visage triste d'une personne habillée simplement attira mon attention. Elle me regardait avec des yeux ébahis et enfantins.

« On voit que vous n'êtes pas gaie, mademoiselle », lui dis-je, profitant d'un moment de liberté.

La jeune fille sourit de contentement et répondit :

« Très gaie, très gaie, mais je suis affligée en vous regardant... Peut-être suis-je sotte... vous me pardonnerez. »

Ses yeux me faisaient mal. On sentait que, malgré son jeune âge, elle avait traversé beaucoup de malheurs et que son petit cœur savait déjà bien souffrir. C'était une vraie Slave, prête à accomplir les plus grands exploits, comme à supporter les plus insupportables misères.

« Vous n'êtes pas d'ici?

— Non, de Tchernigov; mon père était gouverneur; il a été fusillé; ma mère et mes quatre frères aussi. Je suis seule. Je suis ici à cause de ma tante, qui est décédée il y a un mois.

— Que faites-vous, alors?

— Moi, rien. Je ne vis même pas. C'est bizarre : je suis jeune encore, mais vraiment je ne sens pas la vie. Ils ont brisé mon cœur trop tôt et je ne peux plus respirer. Vous savez, c'est comme si l'on avait détaché les jambes de mon corps... Il est dur de se traîner ainsi sans joie... Cela vous étonne?

— Pas du tout; au contraire, je pensais en vous voyant qu'il en devait être ainsi.

— Mais vous aussi, vous êtes étrange; vous savez ce que vous êtes... Voulez-vous que je vous le dise?... Un mort vivant... comme si vous n'étiez pas d'ici, de cette terre. Les gens comme vous n'existent plus, ils ne vivent pas, ils meurent... Lorsque vous êtes entré hier dans la ville, avec vos hommes, je fus une des premières à vous croiser; et là déjà, en vous voyant, je pensai : voilà un mort vivant... un saint, grand, mais pas terrestre. On ne vous comprendra jamais... vos pensées mourront sans être achevées, vos exploits disparaîtront sans être remarqués... vous êtes si grand au milieu de ceux qui vous entourent. »

Je regardai le visage transfiguré de mon interlocutrice et avec ses paroles un chagrin envahissait mon âme. Avait-elle raison? Oui, peut-être. En tout cas, quelle douleur dans ses pensées! Je me demandais ce que j'allais lui répondre, quand elle-même reprit :

« Je voudrais vous voir demain et vous demander quelque chose.

— A votre disposition, mademoiselle; je serai très heureux. Vous savez où se trouve mon quartier général ?

— Oui. A quelle heure puis-je y venir ?

— A six heures du soir.

— Merci. Malgré tout, ne me croyez pas trop sotte », sourit-elle tristement.

Mes affaires me réclamant, je pris congé des invités pour me rendre à mon bureau militaire. Omski m'envoie un télégramme, m'annonçant que l'opération avait réussi et qu'il était en train d'augmenter son détachement.

Il y a du changement dans nos positions. Les bolcheviks se sont retirés à cinquante kilomètres, ce qui me donne à réfléchir. Il n'y a aucun doute : ils reçoivent des renforts et veulent emprunter la voie détournée qui passe par l'autre versant du Dgerd. Pour le moment, je vais former trois nouveaux régiments de cavalerie et six batteries de canons avec ce qu'a laissé l'ennemi.

La ville est tranquille, comme s'il n'y était rien arrivé. Mon Osbeck est bien changé. Il commande à mille hommes et il est terriblement sévère avec les soldats. Hier j'ai ri presque une demie heure en le voyant faire une observation à l'une de mes nouvelles recrues...

Mais cette jeune fille occupe toute ma pensée. Quel être étrange et merveilleux !

9 heures du soir.

Etendu sur mon lit de camp dans mon cabinet

de travail, je me mis à rêver. J'entrevoyais la suite de mes prochaines victoires contre l'ennemi intérieur... Je suis avec mon invincible armée, je marche vers T...is, délivre tout le Caucase de la domination bolcheviste... puis je nettoie l'une après l'autre toutes les villes de la Russie, pour donner au peuple la joie d'acclamer le Tsar légitime. Tous les hommes honnêtes et dévoués à leur patrie accourent sous mon étendard de tous les coins du pays, prêts à se sacrifier pour l'Idée commune... Endolorie et souffrante, la Russie est bientôt en voie de guérison; la vie reprend peu à peu son cours normal un instant perdu... Satisfaction et bonheur sur tous les visages... On chante le *Te Deum*... Tous se livrent à la joie et à l'allégresse... Le soleil éclaire d'un rayon plus chaud et les oiseaux gazouillent plus gaîment. Les carillons du Kremlin et de toute la « Mère Russie »... les processions religieuses... les paysans vêtus de leurs chemises brodées de couleur, les femmes de leurs larges jupes à plis... les cris d'excitation... les chants, les danses, mon Dieu! quelle merveille!... Un bruit précautionneux de mon ordonnance fait cesser mon rêve.

La jeune fille m'attendait au salon. Laissant la porte large ouverte, je l'invitai à entrer dans ma chambre. Elle était vêtue d'une robe légère de couleur rose qui seyait à ravir aux boucles noires débordant sous son chapeau de paille et à ses yeux bleus. profonds.

« Excusez-moi, de grâce, prononça-t-elle gênée.

— Je vous en prie; au contraire, je suis très heureux, mais dites-moi d'abord votre nom.

— On m'appelle Tatiana Dimitriovna, mais dites tout simplement Tatiana. A vous, c'est permis, ce sera moins long.

— Alors, prenez place, Tatiana, ne faites pas trop attention à ce désordre. Ici tout est militaire. »

La jeune fille s'assit sur une chaise, tandis que je prenais place au pied de mon lit.

« Voici ce que je voulais vous demander, commença-t-elle. Je suis toute seule à présent, ma vie n'est chère à personne, pas même à moi. Prenez-moi dans votre armée... Ne riez pas, vous n'aurez pas honte de m'appeler votre soldat. Je donnerai ma vie a ce qui a sur elle des droits majeurs : à ma patrie. Je vais tâcher de vous ressembler un peu. Ne fût-ce que dans la possibilité de se sacrifier... Et puis, qui sait, peut-être ma grande foi en vous vous apportera un peu de chance pour vos réussites... Du reste, c'est une sottise encore... je sais. »

Elle me dit cela d'une voix si affligée, mais si sûre, que son désir et sa prière me parurent tout à fait naturels.

Qu'elle eût assez de caractère pour donner sa vie, je n'en doutais pas un instant. On rencontre souvent de semblables natures dans notre pays. Sans avoir beaucoup réfléchi, je répondis :

« Je suis bien aise de vous accueillir dans mon armée; seulement, je crains que vous ne le regrettiez plus tard; ce n'est pas la mort qui est horrible, mais les souffrances que nous aurons à endurer! Vous êtes si jeune encore... Mais, si vous êtes tout à fait décidée, tant mieux. Ainsi donc, petite Tatiana, je vous enrôle dans ma garde particulière. Montez-vous à cheval? demandai-je en souriant.

— Oui... Je vous suis tellement reconnaissante de tout mon cœur. Je serai à côté de vous, c'est un tel bonheur. Vous savez que je vous aime beaucoup. Mais autrement... ne pensez à rien de mal, comme un saint... Je désire tant mourir sous vos yeux... Vous ne comprendrez peut-être pas mon amour... Je vous parais une sotte petite fille.

— Que dites-vous là, laissez donc! Vous m'avez plu aussi au premier regard. Ne vous troublez pas, avec Dieu nous marcherons ensemble et nous nous verrons souvent. »

Les yeux de la douce jeune fille étaient pleins de larmes de joie.

« Habillez-vous en soldat, et quand vous serez prête vous vous présenterez. »

En lui faisant mes adieux, je baisai bien fort sa main et lui dis :

« Petite, qu'il y ait beaucoup de pareilles à vous, et la Russie ressuscitera. »

J'avais aussi des larmes dans les yeux.

Plus tard.

Donski m'annonce qu'après-demain soir il reprend sa marche vers S...um, mais je ne le verrai probablement pas, car j'ai décidé de continuer mon avance. Je n'ai pas encore fixé la date exacte, mais ce sera demain au plus tard. Il est dangereux de laisser longtemps l'ennemi sans nouvelles. Osbeck me fait dire que chez les bolcheviks se passent quelques mystérieux déplacements. Sur la mer traînent des bateaux suspects... sans doute la flotte soviétique. En avant! En avant!

4 novembre.

A neuf heures du matin, Tatiana arrive vêtue de l'uniforme de campagne, qui lui va bien.

« Votre nouveau costume vous gêne-t-il? demandai-je.

— Pas du tout, j'ai coupé mes cheveux pour être moins ridicule. Si j'ajoute de petites moustaches, je serai un vrai garçon », dit-elle avec fierté.

Aujourd'hui, il fait un temps rare; le soleil brûle la terre et l'habit vert des arbres rappelle le printemps.

Au moment de l'arrivée de Tatiana, je terminais mon ordre à l'armée, dans lequel je déclarais la continuation de la marche en avant. A huit heures du soir, je quitterai la ville, en y laissant une petite garnison.

« Voulez-vous m'accompagner à cheval? Tatiana? Je désire faire une petite promenade dans la vallée qui s'ouvre à côté du jardin botanique.

— Avec plaisir », répondit-elle.

Une paire de chevaux fougueux nous furent amenés à ce moment et, accompagnés par deux ordonnances, nous sortîmes.

Tatiana se tenait bien en selle; on voyait que, dès son jeune âge, elle avait passé par une bonne école.

« Quand j'étais toute petite, mon père me gâtait beaucoup. D'abord il me fit cadeau d'un poney pommelé; puis j'eus un merveilleux « Kabardine », dont les bolcheviks m'ont séparée. Pauvre bête! Le jour de la séparation, il me regardait avec des yeux si tristes que j'avais envie de lui donner du poison... pour qu'il n'échût pas à ces « sans-cœur ». Mais il était trop tard, le cheval n'était plus à moi », me racontait la jeune fille d'une voix enfantine.

La vallée où nous entrâmes donnait l'impression d'une grandiose galerie naturelle; les rochers gigantesques de couleur brune sont si rapprochés à leur sommet, qu'en les regardant il semble qu'ils vont s'écrouler sur vous. Au milieu de la vallée coule un torrent qui se rue avec un bruit assourdissant sur les gros blocs de pierre qui lui font obstacle. On dirait un être vivant dans cette fuite turbulente du courant qui se dépêche, qui bondit, se force, se combat et, en un ruban sans fin, s'allonge, Dieu sait à quelle distance. Que veut-il? Si petit qu'il soit, il veut vivre, il veut lutter pour son existence.

« Voyez-vous ce château sur la cime de la montagne? N'est-ce pas qu'il a l'air terrible? dis-je à ma compagne, lui indiquant, à travers la fente d'un rocher, la vue qui s'ouvrait à nos yeux.

— Oui, terrible. Je n'ai rien entendu dire sur ce château. A qui appartient-il?

— A la célèbre tsarine Tamara, qui habita ici lorsque ses Persans l'exilèrent. En savez-vous quelque chose, Tatiana? C'était une femme du genre de Cléopâtre d'Egypte : puissante, intelligente, d'un esprit rare et avec cela si jolie, que rien ne lui résistait. Les rois de tous les pays courbaient la tête devant sa beauté et la finesse de son esprit. Mais elle était monstrueuse dans sa perfidie. Elle poussa plusieurs princes à la folie et au suicide, tandis qu'elle martyrisa de ses mains, jusqu'à la mort, son mari : le grand prince André. Pendant son règne, au XIIe siècle, la Géorgie était un des pays les plus civilisés et ses relations directes avec Byzance lui donnèrent la possibilité de devenir chrétienne quatre cent cinquante ans avant la naissance de saint Vladimir de Russie. Tamara fit beaucoup de guerres avec les pays limitrophes : Turquie, Perse, etc., et sut en sortir à son avantage. A cette époque, vivait en Géorgie l'immortel poète « Roustavéli », dont l'œuvre : *L'Homme à la peau de léopard*, traduite aujourd'hui dans toutes les langues, est un chef-d'œuvre de la littérature universelle. Inconsolablement amoureux de sa souveraine, qui incarnait d'ailleurs ses vers de feu, le grand poète reçut de Tamara une plume d'or : ce fut la seule consolation donnée à ce cœur souffrant. Voilà l'histoire de cette reine légendaire. »

La jeune fille, qui ne me quittait pas des yeux pendant mon récit, s'approcha de moi et me dit tendrement :

« Racontez-moi les faits qui se rattachent au château; cela m'intéresse beaucoup. »

Les yeux de Tatiana brûlaient alors d'une lueur étrange. Elle était si près de moi... qu'elle me semblait un être très cher, partageant ma tâche et ayant dans sa vie un but identique au mien.

« Il est bien vrai que la femme ennoblit et fortifie la beauté de la pensée », me dis-je. Et, lui prenant la main, je me mis à lui conter ce que la tradition rapportait sur le sombre château.

« Ecoutez, petite Tatiana. Au cours d'un de ses voyages aux Indes, la reine Tamara devint, pour la première fois de sa vie, amoureuse d'un beau rajah hindou. Mais lui, ayant donné son cœur et ses sentiments à une princesse arabe aux yeux noirs, restait sourd aux déclarations d'amour de la souveraine géorgienne . Aucun sortilège n'avait prise sur le svelte rajah au teint mat; il restait fidèle à sa fiancée, avec laquelle il se maria un an plus tard. La perfide Tamara, blessée dans ses sentiments féminins et dans son amour-propre, décida de se venger terriblement.

« S'étant fait construire ce sombre château, à l'intérieur duquel s'étalaient pourtant une élégance et un luxe rares, elle y invita les jeunes mariés, en leur envoyant d'avance des joyaux magnifiques en signe d'amitié. Ne soupçonnant rien, le rajah se mit en route avec sa jeune femme. Il fut reçu avec des honneurs incroyables par la tsarine en personne. La même nuit, Tamara exécuta son horrible vengeance : on enchaîna le rajah à une colonne de pierre et des esclaves sauvages abusèrent de sa femme sous ses yeux; puis on les enterra jusqu'au cou, l'un en face de l'autre, et on les laissa ainsi pour toujours. Le château fut abandonné et, depuis cette époque, Tamara ne put continuer à y passer ses jours d'exil à cause du mystère effrayant qui le remplissait. On dit qu'à la place où fut enterré le jeune couple, s'éleva une tour à deux fenêtres, d'où l'on entend la nuit les chants lugubres du couple martyrisé. Parfois encore, on voit une lueur, qui effraie l'imagination des voyageurs passant par hasard dans ce lieu écarté. »

La petite Tatiana se courba d'horreur et sa main frémit nerveusement dans la mienne.

« Cela vous fait peur? demandai-je.

— C'est terrible. Est-ce véridique?

— Sûrement la légende exagère, mais le fond est vrai.

— Quittons vite cet endroit. Il gâte mes pensées et mon humeur. »

Onze heures approchaient, il fallait regagner la ville.

Durant le retour, Tatiana me demanda :

« Dites-moi, avez-vous aimé quelqu'un? »

Cette question m'embarrassa un peu.

« Si j'ai aimé? Comment vous dire, oui... oui. j'ai aimé, et j'aime encore ma patrie et son droit.

— Non, ce n'est pas cela, avez-vous aimé une femme?

— Je ne puis vous répondre... je n'en sais rien et d'ailleurs je n'en ai pas eu le temps, toute ma vie s'est passée à la guerre.

— Et vous n'aimerez jamais !... vous êtes si loin de la vraie vie... Vous ne savez même pas mentir, n'est-ce pas?

— Si, je sais mentir, répondis-je en souriant, lorsqu'il s'agit de tromper l'ennemi, je mens.

— Ce n'est pas ce que je veux dire... ou alors je suis, vraiment, si sotte, que je ne me fais pas comprendre... »

Je serrai son visage attristé sur ma poitrine et j'embrassai tendrement son front.

« Il ne faut pas m'idéaliser, petite. Je suis comme tout le monde. Je vous aime beaucoup et je serai toujours votre grand ami. Prenons le galop, cela rendra l'équilibre à notre humeur. »

A l'entrée de mon quartier général, Tatiana me quitta et je me mis au travail. Tous les corps sont installés sur leur position. La ville n'a presque plus de troupes. D'Omski, pas de nouvelles.

7 heures du soir.

Dans une demi-heure, je quitte la ville. Ma garde particulière avec Tatiana se range devant le bâtiment.

Le peuple se masse dans les rues, voulant me complimenter. Les rapports délicats et attentionnés entre ma garde et la jeune fille me touchent beaucoup. Je viens de terminer l'ordre à Omski... Silence mortel dans la maison. Certes, il ne faut pas oublier de passer à l'église pour remercier le Sauveur et lui demander sa protection.

Minuit.

Où sont-ils fourrés? Que le diable emporte les bolcheviks! Je ne suis pas content du tout. Ils ont choisi des positions très avantageuses, il semble qu'ils aient reçu de forts secours. Mes soldats sont de bonne humeur. Tatiana est tout le temps près de moi et suit fiévreusement mes ordres. A cinq heures du matin, mon artillerie commence le bombardement.

5 *novembre*, 6 *heures du matin.*

Mauvais... Deux régiments de cavalerie sont revenus avec de grandes pertes. Les bolcheviks ont concentré leurs forces sur le flanc droit; à gauche, se trouve une rivière infranchissable et des rochers noirs. Tatiana, me voyant préoccupé, me dit :

« Ils sont nombreux... Ne vous désespérez pas. Vous avez des hommes fidèles, ce qu'ils n'ont pas, eux. »

Huit heures du matin.

Nous avons brisé le front ennemi. Une grande partie des troupes bolcheviques a disparu sans laisser de traces. Nous avons fait près de mille prisonniers. Nous continuons l'avance. Tout va bien.

11 heures du matin.

Qu'y a-t-il ? Les bolcheviks nous ont contournés. De quelle manière ?

. . . .

Tout est perdu. Un nombre incalculable d'ennemis nous encerclent et leurs mitrailleuses fauchent sans pitié mes soldats.

. . . .

Tous sont pris... Le salut est dans la fuite... Mais comment ? Mes soldats s'engagent à me sauver seul, car tous, ce serait impossible. Je n'accepte pas. Plutôt mourir avec les miens... Tatiana est à côté de moi... « Ta foi te sauvera. » Le seul salut : mourir avec honneur, le sabre nu, en se jetant sur l'ennemi... Tatiana prend ma main :

« Je serais heureuse de mourir avec toi. »

En avant! ceux qui croient en la Russie!

7 heures du soir.

Une petite cabine suffocante : l'odeur de la mer. Pendant longtemps je n'ai pu me souvenir. Comment suis-je ici ? Peu à peu mes idées s'éclaircissent, mais quelle horreur!... Je suis prisonnier et les bolcheviks m'emmènent quelque part... Tout est fini, comme un songe... Pourquoi n'ai-je pas été tué ? Je me souviens que je fus assommé d'un coup sur la tête... Tatiana... pauvre petite Tatiana, tu n'es plus parmi les vivants!

Lorsque ma garde fidèle, encerclée de tous côtés, sabrait les têtes des ennemis qui repoussaient au fur et à mesure, la jeune fille ne s'attardait pas derrière nous et tirait habilement du revolver. Tout à coup, un faible cri me contraignit à me retourner. Tatiana, laissant retomber ses mains, s'affaissa sur le sol. De sa tête coulait un filet de sang.

Avec le désespoir d'un homme à qui l'on retire sa dernière bouffée d'air, je la pris dans mes bras et absurdement murmurai :

« Merveilleuse petite Tatiana... Si tôt!...

— Tout est fini, je suis heureuse... Peut-être m'aimerez-vous maintenant?... Cependant je voudrais tellement vivre!... C'est trop tard!... Prenez en souvenir... »

Tout doucement elle me montrait une chaîne d'or suspendue à son cou. Je m'emparai de son cadeau. A la chaîne était attaché un médaillon en forme de cœur, qui s'ouvrait facilement; aucune photographie, un petit bout de papier plié en quatre : quelques mots.

« Cher, tu mourras aussi. Ta foi est plus forte que tes actions. Elle te garde. Mais rien n'est éternel. Dans ce monde de mensonges, il n'y a pas de place pour la Vérité. Lorsque les hommes mesquins et vils auront détruit ton corps et tourneront en dérision ta belle âme, tu viendras me rejoindre. »

Tatiana ne respirait plus. Je fis un signe de croix et l'embrassai bien fort sur les lèvres.

« La venger ?... pensai-je. Ridicule... sur qui ? Ils ont tué, ces vauriens, ma petite Tatiana : ils ont pris mon porte-bonheur. »

Avec une férocité folle, je me jetai sur le groupe compact des bolcheviks et, sabrant de toute la force de mes bras, je criai :

« C'est pour la petite âme sainte... pour une grande Russe. »

Ce qui eut lieu ensuite, je n'en ai plus conscience. Tout est perdu ! Où sont Omski, Osbeck ? Pourquoi n'ai-je pas été tué avec les miens ? A présent, commencent pour moi de nouvelles souffrances morales : la prison, l'exécution infâme. Qu'il est dur de se dire que le cadavre enfantin de Tatiana pourrit lamentablement avec ceux des ennemis ! Mais, si je retourne encore une fois là-bas, oh ! de quelle manière je vengerai la mort de mon « rêve réalisé ».

9 heures du soir.

Je viens de recevoir la visite du commandant du bateau.

— Comment vous portez-vous ? me dit-il ironiquement.

— Merci. Très bien, répondis-je brusquement.

— Je tenais à vous aviser que dans une demi-heure nous serons à B...um.

— Est-ce bien nécessaire que je le sache ? Vous ne m'avez pas demandé mon opinion jusqu'ici.

— Je vous ai prévenu, tout simplement, pour que vous puissiez vous préparer.

— Vous êtes très gentil, monsieur; heureusement je suis toujours prêt. Je n'ai pas de valise. Tel que vous me voyez maintenant, je suis prêt à tout.

— Excusez-moi, essaya de me dire aimablement le marin, puis il me laissa tranquille...

Oui, on a mis le lion indomptable en cage... et on s'amuse... Mais le lion vit encore et ses griffes sont dangereuses. Ne vous hâtez pas de l'écorcher avant de l'avoir tué.

11 heures du soir.

Le train, avec une rapidité vertigineuse, m'emmène vers T..is. A B...um, je fus conduit du bateau à la gare par un escadron de cavalerie et une compagnie de soldats à pied. Le coupé où je me trouve est rempli de gardiens armés... Ils ont peur que je ne prenne la fuite. Trois officiers m'accompagnent, sans échanger une seule parole avec moi. Tant mieux. J'ai demandé à l'un d'eux si je pouvais écrire mes souvenirs, avec la garantie qu'ils ne me seraient pas pris. Il m'a répondu affirmativement.

6 novembre, 10 heures du matin.

J'ai dormi à ma place tout ce temps : je ressens une grande fatigue dans tout le corps. Par la fenêtre du wagon, je vois fuir rapidement les villes et les villages avec leurs petites maisons aux toits plats. Il neige, il fait froid. Nous passons, à présent, dans des endroits d'une importance historique.

Voici la ville de G.ri. Pendant la Croisade, Richard Cœur de Lion y établit ses tentes et attendit là des nouvelles d'Angleterre, où son jeune frère, ayant usurpé le trône, avait provoqué une émeute du peuple. On y trouve encore des armes de l'époque, sur lesquelles des croix sont gravées.

Le Monastère de M..et, célèbre par la valeur de ses ornements d'église, fut la résidence d'un des premiers archevêques chrétiens du temps de Rome.

Ici, l'empereur Mithridate baptisa trente mille de ses sujets, en les immergeant dans la rivière qui coule au pied du monastère. Dans le même lieu saint se trouve la croix tressée avec des sarments d'une vigne ayant appartenu à la première apôtre de la religion chrétienne, en Géorgie, sainte Nine; et une partie de la robe de Notre-Seigneur Jésus-Christ, qui revint, après le partage sur le Golgotha à un des soldats, qui était Géorgien.

Jusqu'à T..is, on aperçoit, épars sur les montagnes environnantes, des châteaux-forts construits par la grande Tamara.

La ville de T..is, capitale de l'Ibérie, était autrefois un centre attrayant d'industrie et d'étude. Même les pays de race romaine y envoyaient leurs jeunes gens pour faire leur éducation; l'on peut voir encore à présent le quartier des étrangers qui sont devenus Géorgiens tout en gardant leur religion catholique.

La ville est située dans une vallée encaissée entre

des montagnes dénudées, et qui la défendent de la terrible tramontane, qui souffle avec violence sur le pays.

Les environs de T..is sont couverts de plantations de vignes qui donnent les meilleurs crus de toute la Russie. La ville est très jolie. Ce qui la rend remarquable, c'est qu'en elle sont complètement distincts le quartier européen et le quartier asiatique; celui-ci a su conserver ses ruelles étroites, ses petites maisons aux toits plats, ses fontaines de mosaïque au coin des rues, ses cris excitants de marchands et ses cuisines orientales en plein air.

J'étais allé à T..is avant la révolution, lorsque ces charmes étaient si attirants et si intéressants.

Maintenant tout est changé, sans doute. « Dans une maison détruite, toutes les chambres sont détruites », dit un proverbe kirghize.

Déjà je vois par la fenêtre les coupoles dorées des hautes églises. Aurais-je jamais pu croire que la ville qui acclamait avec un tel enthousiasme les tsars russes me recevrait comme prisonnier?

... Ou bien la vie va au rebours, ou bien je suis trop vieux pour les « idées jeunes ». Tout est incompréhensible et malhonnête.

6 novembre, 4 heures de l'après-midi.

L'ennemi est plus hospitalier que je ne le pensais. Au lieu d'une prison, on me conduisit dans une belle maison particulière, sise non loin du centre, entourée et gardée par un nombre incalculable de soldats et de détectives. Lorsque je quittai la gare en auto, il y eut sur le parcours une affluence telle que nous pouvions à peine passer. Les gens, dès qu'ils le pouvaient, se rapprochaient de moi afin de me couvrir d'invectives, de moqueries et de crachats. Quel courage! Insulter un prisonnier sans défense. *Ils* ne sont capables que de cela.

Mordant mes lèvres, je retenais ma colère tout en m'efforçant de regarder la ville, qui n'a pas changé du tout extérieurement. Mon étonnement fut grand lorsque, au lieu du terrible château de M..ek, où je pensais être enfermé, on m'amena dans une maison claire à deux étages. La chambre où je me trouve a deux fenêtres sur la rue. Trois sentinelles en gardent l'accès. A côté de ma chambre se trouve un petit salon, dont je pense me servir pour lire et écrire. Ce luxe m'est réservé probablement pour peu de temps. Dans quelques jours, le tribunal militaire du gouvernement national me jugera et, sans aucun doute, le verdict me sera funeste. Je ne suis pas le seul prisonnier de cette maison. En face du salon se trouve la chambre d'un autre officier russe de l'armée de B..., arrêté pour espionnage contre la défense nationale des Soviets.

Je lui dis rapidement quelques mots en passant. Nous nous rencontrerons au salon après le dîner. De taille moyenne, le visage défiguré par les blessures, il donne l'impression de ne pas être tout à fait dans ses esprits.

7 novembre, 9 heures du matin.

Je ne peux nullement me faire à l'idée d'être en prison. Il y a trois jours seulement, j'étais un objet d'effroi pour mes ennemis. Est-il écrit que je devrai finir ma vie si bêtement. Où est ma foi? Et les paroles : « Ta foi te sauvera »? Non, il doit arriver quelque chose. D'où? Comment? Je n'en sais rien, mais je crois que le salut est proche.

Pendant une partie de la nuit, l'image de Tatiana ne me quitta pas. Mon cœur se serrait à l'idée angoissante qu'elle ne vivait plus, que je n'entendrais plus sa voix enfantine, ses pensées douloureuses et morbides... Mais qui sait, il vaut mieux, peut-être, qu'elle soit morte. Son petit cœur souffrait tant...

A travers la fenêtre de ma chambre, j'aperçois la moitié de la rue et l'angle vis-à-vis d'un grand bâtiment rose. Les persiennes sont fermées, tout sommeille encore.

Hier soir, après notre maigre dîner : du potage et un hachis quelconque, je me suis rencontré avec mon voisin de prison, le lieutenant Solovioff. Il a un bizarre hochement de tête, rit hors de propos, et aime « boire »; tout cela s'explique par toutes les horreurs qu'il eut à supporter. Il fut de ceux qui, à l'appel de Korniloff, s'étaient rangés parmi les officiers, peu nombreux, hélas! qui surent prolonger le combat au sud de la Russie.

« Nous étions cinquante hommes seulement, me conta-t-il. Korniloff envoya dans toute la Russie la

petite proclamation suivante : « Ceux qui sont hon-
« nêtes et aiment la Russie, ceux qui ne veulent pas « signer la paix honteuse avec les Allemands, et « sont fidèles à l'amitié de nos alliés : Qu'ils vien- « nent avec moi. »

« Les volontaires furent nombreux, mais il n'était pas facile de le rejoindre : la Russie était entre les mains des bolchevistes. Vous savez, monsieur le commandant, qu'aucune histoire du monde ne vous racontera semblable héroïsme et pareils exploits.

« Au Don, nous étions trois cents, il y eut une bataille féroce; nos blessés se pansaient eux-mêmes, et restaient à leur poste; les Bolchevistes étaient plusieurs dizaines de milliers; alors, Korniloff ordonna de le suivre et se jeta le premier dans la rivière glaciale, presque gelée. Tous le suivirent; le Don est un fleuve large et profond. Il fallait nager. Lorsque nous arrivâmes de l'autre côté, la moitié tombèrent morts, complètement gelés. Pendant trois mois nous avons rôdé dans le désert, nous nourrissant de ce que Dieu nous donnait. Ce fut dur, monsieur le commandant, mais nous avions la foi... Pour nous, Korniloff était un saint. Dans la bataille pour Ekaterinodar, ce fut tout à fait « raide »; pas moyen de reculer : ou la mort, ou la victoire. À peine les officiers, à bout de forces, commençaient-ils à flancher, que le « général de fer » se montrait au premier rang, et le courage renaissait.

« Tout à coup, Korniloff reçut une balle au front. Denikine accourut vers lui : il se mourait; mais avant, il eut le temps de souffler à son successeur : « Ne dites à personne que je suis mort. » Et lorsque les officiers commencèrent à crier : Où est « Korniloff? », Denikine répondait : « Il vous re« garde d'en haut. En avant, les officiers! » Ekatérinodar fut pris et le corps du grand patriote russe rendu à la terre. »

Ici mon interlocuteur rit aux éclats.

« Ensuite, mon commandant, vous voyez cela. »

Il tourna vers moi son crâne, tout sillonné de cicatrices épouvantables :

« Je suis tombé entre les mains bolchevistes; on m'enfonça des petits clous dans la tête, on grava au fer rouge des galons sur mes épaules. Ensuite on me soigna, pour inventer un nouveau supplice. »

La tête du lieutenant sauta de tous côtés et je redoutai une crise...

« Une fois même on me cloua au plancher par les pieds et les mains, pour imiter la mort de Jésus-Christ. »

Un frisson parcourut mon corps en entendant ces paroles, mais il continuait toujours :

« Et vous savez pourquoi? Parce que sur ma poitrine est tatoué un vautour aux yeux rouges, et *ils* l'ont pris pour le signe spécial de la contre-révolution. . Ah! ah! ah! »

Il arracha des deux mains les côtés de son dolman et, sur sa poitrine, je vis un vautour dessiné de main de maître.

« C'est toute une histoire, que celle de cet oiseau; quand je serai plus dispos, je vous la conterai. Il me semble qu'il nous reste encore quelques jours avant de mourir. »

Il recommença alors à rire aux éclats et à branler la tête.

« Si nous buvions à présent, ce ne serait pas mal; qu'en pensez-vous, monsieur le commandant?

— Je ne bois pas; et puis, ici, c'est difficile.

— En ce cas, bonne nuit. J'ai une passion pour le sommeil. Faites de beaux rêves, prince. Adieu. »

Resté seul, j'essayai de rassembler mes idées, et de les concentrer sur quelque chose de précis; mais je ne pouvais y parvenir. L'un après l'autre passaient devant mes yeux les tableaux de mes victoires, de ma défaite, les images de Tatiana, d'Omski, d'Osbeck... de la fusillade infâme... Et la foi vacillante en un salut possible.

4 heures de l'après-midi.

On m'a conduit aujourd'hui devant le procureur de la République. Un jeune homme à lunttes qui, d'un ton peu distinct, me questionna :

« Vous reconnaissez-vous coupable? »

Je répondis : « Non » et refusai de proncncer d'autres paroles. Pourquoi cette comédie? Nous ne sommes pas des enfants. Ce n'est pas une affaire de vol. De part et d'autre des idées différentes se sont heurtées; si un côté a gagné et que je le gêne, il se doit de me détruire; pour moi, j'aurais fait de même. De nouveau le peuple remplissait les rues. Au-dessus de la ville flottaient des nuages gris. L'air était glacial. Ni officiers, ni soldats n'échangèrent une parole avec moi.

Les persiennes de la maison rose d'en face sont ouvertes et plusieurs fois s'est montré à la fenêtre le visage fardé d'une femme qui avait l'air bien.

Solovioff n'est pas venu déjeuner avec moi.

Huit novembre, 10 *heures du matin*.

Les fenêtres de mon vis-à-vis sont ouvertes; ce n'est pas là chose habituelle. On voit que la « personne » s'intéresse au nouveau prisonnier. Vêtue d'un peignoir jaune à broderies de couleur, les cheveux dénoués, elle ne quitte pas longtemps son poste d'observation et s'évertue à faire des grimaces « aimables ». Eh bien, moi aussi, je réponds à ses avances. Le temps passera plus vite, peut-être...

2 *heures de l'après-midi*.

Le lieutenant Solovioff est de mauvaise humeur. « Je n'ai pas dormi », m'annonce-t-il.

Je souris.

« Vous appelez cela ne pas dormir! »

Il m'a promis de me raconter ce soir l'histoire du vautour aux yeux rouges.

Ma belle inconnue s'intéresse décidément à moi. Elle me fait avec les mains des signes mystérieux et m'envoie des baisers. Cet après-midi, en robe de ville, elle avait l'air tout à fait bien. « Dans les diamants et dans la soie », comme dit le peuple.

7 heures du soir.

Les appartements de ma « dame de cœur » sont vivement éclairés, mais elle est seule dans sa chambre. Elle marche d'un angle à l'autre et s'arrête quelquefois à la fenêtre. J'aperçois des meubles luxueux et un large tableau sur le mur. Je ne sais pourquoi il me semble que quelque chose l'énerve. Peut-être pense-t-elle à moi? En ce cas, elle a bien tort, elle pourrait choisir un être plus sûr... Je vais dîner.

8 novembre. Le soir.

LE CONTE DE SOLOVIOFF

« Les faits légendaires qui sont rattachés à ce vautour aux yeux rouges, appartiennent aux temps lointains, voire préhistoriques de la Russie. Les petites tribus sauvages, qui formèrent plus tard la grande race slave, erraient de lieu en lieu, de place en place, à travers le nord immense de notre patrie, adorant les différentes images des dieux du bien et du mal. Mon ascendance dominait une de ces tribus;

menant une guerre interminable avec ses indomptables voisins, mon « aïeul préhistorique », auquel la tradition conserva le nom de Zora, enrichissait incalculablement son trésor et son peuple de ses prisonniers et de leurs dépouilles.

« Comme toujours, en pareil cas, la jalousie des peuples environnants était sans bornes et la puissance de mon « grand-père » était jugée dangereuse.

« A cette époque apparut, venant de la Sibérie glacée, un peuple nombreux, adorateur du vautour aux yeux rouges, et vêtu de fourrures luxueuses provenant de bêtes alors inconnues aux habitants du Nord. Forts, de taille élancée, bien armés, ces gens en eurent vite fini avec les petites tribus rencontrées sur leur route. Un jour, ils s'installèrent à côté du domaine de mes ancêtres; on disait que la richesse du nouveau prince était sans bornes.

« Leurs tentes de couleurs parsemèrent la nouvelle principauté, et un temple d'une rare magnificence fut élevé en l'honneur de leur divin protecteur, le vautour aux yeux rouges. Mais la paix ne pouvait durer longtemps entre deux peuples également forts. L'occasion fut trouvée et mon aïeul déclara la guerre.

« En ce temps-là, il n'y avait ni fusils, ni canons; les gens se battaient corps à corps, armés de massues de bois et de haches en pierre, jusqu'à l'extermination totale du vaincu; la bataille durait souvent plusieurs jours et plusieurs nuits. Mon aïeul s'engagea dans un de ces combats, sans avoir vérifié suffisamment la force et le nombre des ennemis; l'adversaire était plus expérimenté et plus habile dans l'art militaire; tout le peuple de mon aïeul fut détruit et son trésor alla augmenter la richesse de l'ennemi victorieux; lui-même fut fait prisonnier. J'ai oublié de vous dire que mon ancêtre, très jeune encore, était — vu la conception de l'époque — d'une beauté remarquable, le rêve de bien des cœurs féminins.

« L'ennemi célébra joyeusement sa victoire; les chants, les danses, la musique régnaient partout, et le vieux chef de la peuplade distribuait gracieusement des cadeaux à ses fidèles et courageux soldats. Le jour de la victoire coïncidait avec la onzième lune; alors, suivant la coutume, le sacrificateur apportait des dons magnifiques au protecteur divin de la tribu, et remplissait le vase sacré du sang de l'ennemi le plus digne par sa noblesse. Le don de ce jour devait être fourni par mon aïeul.

« De bonne heure, commencèrent les préparatifs de la grande cérémonie; l'intérieur du temple se garnit de fleurs et de plantes vertes, tandis que le sacrificateur, durant la nuit de veille, se tapait le front pour chasser tous les esprits terrestres et pécheurs.

« Le principal sacrificateur de la divinité était le Prince lui-même; mais son grand âge ne lui permettant plus de bouger, il devait être remplacé par sa fille unique, l'héritière du trône.

« C'était la première fois qu'elle devait accomplir ce rite; son rôle était assez pénible; elle devait couper la gorge de la victime. La princesse Lilak bien que son père fût encore sur le trône, était l'unique et véritable souveraine de la tribu; pas une affaire d'état ne se résolvait sans son approbation, et son index s'ornait déjà depuis deux ans de la bague du vautour aux yeux rouges, qui correspondait au sceptre de la souveraineté.

« Grande, belle, jeune et intelligente, d'un cœur compatissant, elle était adorée par son père et par tout son peuple. Le jour de la cérémonie sacrée, elle était vêtue de fourrures blanches et, dans une attitude hiératique, elle attendait la victime.

« Le peuple fanatique qui remplissait le temple, tomba à genoux. Mon aïeul, accompagné par quelques esclaves, s'approcha du vase sacré; mais ici, il arriva une chose étonnante : frappée par la beauté rare du prisonnier, par son air noble et fier, la sacrificatrice laissa tomber son couteau de pierre et se prosterna devant la statue de granit du vautour aux yeux rouges, qui s'élevait au-dessus du vase d'oblation. Effrayé, le peuple ne comprenait pas ce qui se passait.

« Le protecteur de la tribu, le grand vautour aux yeux rouges, remet le jour du sacrifice à la 12e lune. Priez, fidèles, et remerciez-le pour ses grâces », prononça enfin Lilak, toute pâle. Le peuple courba la tête devant la résolution de la divinité, sans soupçonner un instant la vraie cause de l'interruption de la cérémonie. Mon aïeul fut mis dans une fosse profonde et noire, sous la maison princière.

« La princesse avait un esclave nommé Potok, qui lui était dévoué corps et âme; c'est à lui que Lilak s'adressa, pour avoir un rendez-vous avec le prince prisonnier.

« Dans la nuit sombre, le garde soudoyé, laissa pénétrer dans la fosse une forme drapée de fourrures noires, qui revint régulièrement les jours suivants. Entre mon aïeul et la princesse s'alluma une forte passion, qui eut plus tard un résultat fatal. Lilak devint enceinte. Cependant, le jour de la 12e lune arriva et l'oblation fut remise pour 7 lunes. Quelque temps après, lorsqu'il ne fut plus possible de cacher l'état de la princesse, elle s'enfuit avec le prisonnier, accompagné du fidèle Potok vers une destination inconnue, après avoir pris quelques bijoux pour assurer leur subsistance. Dès le lendemain, cette fuite fut connue.

« Le vieux prince entra dans une fureur inexprimable; il envoya de nombreux émissaires dans toutes les directions, avec l'ordre de lui ramener morts ou vifs sa fille et le prisonnier. Le résultat fut nul. Lilak et son amant s'étaient cachés dans une grotte perdue des montagnes, se nourrissant là de racines. Un enfant naquit; il fut appelé Zoram, ce qui veut dire dans leur langue: « De Dieu ». Pour préserver l'enfant d'un hasard quelconque, elle le plaça avec Potok dans une grotte voisine, non sans avoir préalablement confiée au vieux domestique la bague du vautour aux yeux rouges.

« Si le malheur prend à l'enfant ses parents,

garde-là, et lorsqu'il sera grand remets-lui ce signe; l'oiseau sacré lui montrera le chemin du pouvoir et de son peuple. »

« A force de rôder sans arrêt, les émissaires du vieux chef trouvèrent enfin le refuge du couple évadé, qui fut amené devant les yeux du souverain convulsé de rage. Nul ne soupçonnait l'existence de l'enfant et Potok réussit à rester introuvable parmi les montagnes.

« L'entourage du monarque inventa un châtiment horrible pour les criminels. Des sorciers expérimentés préparèrent un philtre particulier et, le donnant à boire à mon aïeul, lui firent perdre la raison; tout son être fut rempli d'une haine atroce pour la femme aimée; dans son délire, il se jetait sur Lilak, lui donnait des coups sur la tête, et la couvrait des plus basses injures; la princesse avait au contraire toute sa raison, ce qui était terrible. Plus tard, le même philtre fut versé à Lilak; alors, avec une férocité inexprimable, elle griffait les yeux de son amant, se délectant de ses souffrances.

« Puis tous deux furent sacrifiés à l'idole vénérée, que toute cette triste histoire avait dérangée.

« Pendant ce temps, l'enfant grandissait dans la caverne; quand il eut 2 ans 1/2, le vieux Potok lui coupa le petit orteil du pied gauche au cas où il serait perdu. Toute la journée de l'esclave se passait dans les montagnes, à la recherche de la nourriture, et le soir il endormait l'enfant princier, en chantant.

« A 6 ans, c'était un beau garçon bouclé qui accompagnait partout son père adoptif. Un jour que Zoram, se sentant fatigué, était resté dans la caverne et que Potok, selon son habitude, était sorti dans les environs, une horde nomade de tziganes, passant par cet endroit, trouva l'enfant endormi et l'enleva.

« Le chagrin de Potok fut sans bornes. Il quitta sa demeure et commença à errer de pays en pays avec l'espoir de retrouver les traces de l'enfant tant aimé. Dix ans passèrent.

« Un jour, qu'il se promenait au milieu de la foire d'une ville inconnue, il vit un groupe de tziganes en haillons, parmi lesquels la belle taille d'un adolescent bronzé attira son attention.

« Un pressentiment poussa Potok vers ce jeune homme, et s'approchant de lui, il lui chuchota: « J'ai une grande nouvelle à t'annoncer, suis-moi. » Interloqué, le jeune tzigane suivit le vieil inconnu. Lorsqu'ils furent dans la campagne, Potok s'arrêta et dit à son compagnon:

« Ote la botte de ton pied gauche. »

L'adolescent obéit.

« C'est cela, il te manque un orteil. »

« Le vieillard heureux tomba aux genoux de son prince et lui baisa les pieds. Prenant place ensuite sur une pierre, il lui raconta toute son histoire, à la fin de laquelle, lui remettant la bague divine du vautour aux deux merveilleux yeux de rubis, il lui dit :

« A présent, ma mission est finie. Je peux mourir en paix. Fais ce que l'oiseau sacré t'inspirera. Seulement, sache que ton peupe t'attend, et sera heureux de te revoir. »

« Le jeune homme embrassa le fidèle serviteur et ses yeux se remplirent de larmes. Le même jour, il quitta le campement des nomades et se dirigea vers le pays du coucher du soleil, dont la civilisation l'attirait. Son désir était de voir le monde avant d'aller régner sur son pays. Le pays des Gaulois fit une grande impressiom sur Zoram par sa culture avancée et ses mœurs simples.

« Il y resta, prit sa religion et se maria avec une jolie étrangère. Il avait déjà 3 enfants, lorsqu'il se décida à retourner dans son pays. La tribu le reçut avec extase, à peine eût-il montré le signe du divin protecteur. Mais le jeune prince, qui s'était approprié une nouvelle conception de la vie, ne pouvait plus se plier aux mœurs sauvages de sa patrie: il résolut d'extirper toutes les vieilles traditions.

« Il donna l'ordre de détruire le temple jusque dans ses fondements et d'adopter sa nouvelle religion, qui ne comportait pas de sacrifices humains. Mais, lorsque les esclaves s'approchèrent de l'édifice sacré pour accomplir l'ordre du prince, la terre trembla, et, frappés par la foudre, les hommes tombèrent morts.

« Au même instant, la statue de granit du vautour aux yeux rouges s'envola du temple, abandonnant à jamais la tribu, qui s'apprêtait à commettre un tel sacrilège.

« Le jeune prince devint aveugle, et les yeux de rubis sur la bague massive s'éteignirent sans vie. Alors, brisé et malheureux, Zoram étendit ses mains devant la puissance de la divinité envolée, lui demandant grâce et pardon, mais il était trop tard, le Dieu était perdu. En souvenir de ces faits, les descendants de Zoram, portèrent sur la paume de la main droite l'image du vautour aux yeux rouges. Par fidélité à la légende et aux traditions, je me fis tatouer sur la poitrine l'emblème sacré, ne soupçonnant pas qu'il serait un jour la cause de mon crucifiement.

« Voilà toute l'histoire, Monsieur le Commandant, vous plaît-elle? » et sans attendre ma réponse, le bizarre lieutenant se dirigea vers sa chambre.

Pour ne pas laisser échapper le moindre détail, je transcrivis aussitôt le conte tragique. Il est minuit... déjà. Les pas cadencés de la sentinelle dans la cour me rappellent les battements d'une horloge. Une tranquillité mortelle règne ici. Si quelqu'un criait exprès, au moins! Ce calme singulier me rend tellement nerveux.

9 *Novembre*, 9 *heures du matin.*

Il était bien tôt ce matin, lorsque le commandant de la « garde » entra chez moi et me remit une enveloppe contenant une grosse liasse : mon acte d'accusation.

« Le jugement est fixé au 13 Novembre », me dit-il laconiquement; puis il sortit. Le document dactylographié contenait tous mes crimes envers l'inviolabilité de l'Etat Soviétique. Il m'annonçait, en même temps, que j'avais à ma disposition deux avocats pour ma défense. Je souris. Si je n'ai pas réussi à me défendre moi-même, les armes à la main, quelqu'un pourra-t-il me défendre par de simples procédés oratoires? Ce qui me réjouit, c'est la date du jugement — le nombre treize m'a toujours porté chance.

Instinctivement, je m'approchai de la fenêtre et j'examinai le mur en face. Ma belle inconnue, prête à sortir, regardait nerveusement ma prison. Je saluai de la tête avec amabilité. Elle me répondit par un sourire charmant. Puis, prenant un air sérieux, elle commença à me faire avec ses doigts, des signes que je ne comprenais pas. Elle me demandait sans doute quelque chose en m'indiquant la ville. Je lui montrai « 13 » et je mis ma tête sur la paume de la main avec les yeux fermés, ce qui signifiait que le 13 novembre je serais mort. La jolie blonde comprit et hocha la tête négativement — m'assurant du contraire, un papier blanc dans sa main. Heureusement, les sentinelles se trouvent plus bas que nous et ne soupçonnent pas nos manigances.

Je vois que la charmante femme est toquée de moi et si j'avais le moyen de l'approcher, je pourrais tout arranger pour ma fuite. Mais il n'y a pas même à envisager cette éventualité.

2 heures.

Solovioff n'est pas venu déjeuner. C'est dommage pour lui, car nous avions aujourd'hui des plats convenables : du fromage et du mouton rôti.

Avec ma voisine, les affaires vont plus loin que je ne le supposais. Après le déjeuner, elle posa à sa fenêtre un colossale carton, sur lequel je pus facilement lire ces mots : « Ne vous tourmentez pas; je vous sauverai. Je vous... » le dernier mot n'était pas achevé, mais je le compris.

Comme elle est gentille de vouloir ranimer mon espoir!

Je ne sais pas pourquoi, mais il m'est impossible de croire qu'il soit écrit que je devrai mourir de cette mort de chien. En ce cas il n'y aurait aucune différence entre moi et un brigand; et cependant la différence existe : je suis accusé d'avoir combattu pour le droit et la vérité.

8 heures du soir.

J'ai reçu de ma Mère une lettre qui me causa beaucoup de chagrin... Pauvre petite Mère! Quel mal j'ai eu en lisant ses pages remplies d'une irrémédiable tristesse. Elle a passé toute sa vie dans les larmes; le destin lui a donné des enfants pour les lui reprendre au moment où elle était le plus heureuse.

Mon humeur était si sombre que je n'allai même pas à la fenêtre.

Solovioff a ri aux éclats toute la soirée et s'est moqué du gardien.

La vie d'un homme semble peu de chose, et pourtant est-elle assez compliquée!... Du reste, je la complique peut-être moi-même.

« A grand bateau long voyage, » dit le proverbe.

10 *novembre.*

Eveillé de très bonne heure, mon premier soin fut d'examiner la rue. Malgré l'heure matinale, il me semblait que l'intéressante inconnue devait être à sa fenêtre. Je me trompais. Les persiennes étaient légèrement entrouvertes, mais on ne voyait personne.

Après être resté une dizaine de minutes, mon attention fut attirée tout à coup par deux hommes vêtus à l'Européenne, qui venaient de s'arrêter au coin de la rue. L'un d'eux était de taille moyenne, le visage rasé; l'autre, plus jeune et plus grand, avait d'impressionnantes moustaches noires. Ces physionomies me semblaient tellement familières, que j'aurais parié que je les connaissais; mais je ne pouvais exactement les identifier dans ma mémoire.

Ces passants me remarquèrent et commencèrent à me regarder furtivement. Le plus âgé, l'homme rasé, posa son doigt sur ses lèvres et écarta son large chapeau, sous lequel se montra le crâne chauve si connu, de mon Osbek.

Je crus devenir fou. Ils ne sont pas tués, ils sont venus me sauver! Mon Dieu, tu es grand, mais parmi les créatures créées par ta puissance, il se trouve aussi des êtres grands et nobles!

Le compagnon d'Osbek était Omski — mais quelle transformation!

On peut s'imaginer combien je fus malheureux de ne pouvoir me précipiter vers eux pour les embrasser et les interroger sur tout ce qui m'intéressait, sur ceux que j'avais laissés dans les montagnes lointaines et hospitalières.

Un seul moyen me restait pour exprimer ma joie, c'était de leur sourire. Ils comprirent ma douleur et baissèrent la tête.

Au même instant, le visage clair de ma « dame de cœur » se montra dans la maison rose, et m'envoya un baiser. Dans mon cerveau, mûrit une idée: « Si j'alliais mes fidèles à la dame amoureuse, l'affaire prendrait une meilleure tournure. » Tâchant de déployer toutes mes capacités, dans les mouvements acrobatiques de mes doigts, j'essayai de faire comprendre aux deux parties qu'il fallait se rencontrer. La dame comprit la première en voyant ces deux hommes en civil et hocha la tête affirmativement. Puis je fis signe aux miens de disparaître, ce qu'ils exécutèrent aussitôt.

Quel ne fut pas toutefois mon étonnement, quand je vis une demi-heure après, Omski et Osbek confortablement installés, jambes croisées, dans les meubles moelleux de la maison rose.

J'étais tranquillisé, à présent, sur mon destin. Quand deux hommes fidèles et une femme se mêlent à une affaire, elle sera couronnée de succès. Quelle joie remplit mon être! Il me semble qu'une voix me chuchote à l'oreille, pour me taquiner : « Il est prêt, il est prêt le jour du salut et de la lutte... crois-en ton étoile. »

3 heures de l'après-midi.

A peine avais-je fini de déjeuner, que je me mis à lire le seul livre abandonné au salon; soudain un cri aigu et chantant attira mon attention; je jetai le livre et me dirigeai vers la fenêre de ma chambre. Au milieu de la rue, juste en face de moi, un maigre vendeur de fruits, au « gros » ventre serré par une ceinture d'or, proclamait à haute voix les rares qualités de ses pommes; à côté de lui était un âne gris chargé de larges paniers pleins de fruits. J'ouvris la fenêtre, ce qui était permis à cause des barreaux de fer.

« Les pommes fraîches, les véritables Andrewski; celui qui en mangera ne mourra jamais », chantait le kintô. Je souris à cette boutade, il est de notoriété que le kintô est doué d'un esprit piquant.

« Veux-tu des pommes, Monsieur », me demanda-t-il, en me montrant un fruit superbe et clignant de l'œil malicieusement.

« Que diable rôdes-tu par ici, tu n'as pas assez de place ailleurs... Va au diable » lui cria la sentinelle.

« Va, ne crie pas, mon Ame, ça ne te fait pas de mal, si je gagne quelques sous. Fi donc! comme tu es avare, peut-être, Monsieur, désire-t-il manger une pomme. Mais pour toi, voilà, prends, c'est la meilleure... Tu ne peux trouver mieux dans le monde entier je te le jure, sur le nom de mon neveu », prononça le kintô en régalant la sentinelle, qui le laissa enfin tranquille. De la maison d'en face, la « jeune dame » me donna à entendre que je devais accepter la pomme. Alors seulement je compris l'existence d'une combinaison quelconque, rattachée à l'apparition inattendue du vendeur de fruits.

« Donne-moi une pomme, criai-je au kintô, mais une de celles qui font vivre longtemps. »

« Voilà, Monsieur, prends, tu ne la regretteras pas ».

Je lui jetai une pièce de monnaie et allongeant le bras entre les barreaux, je pris sa pomme. Le marchand m'adressa une œillade encore une fois et continuant ses cris impitoyables, déambula avec son âne à travers la rue.

Que peut signifier cette pomme?

Lorsque, m'asseyant sur ma chaise, je commençai à examiner la balle rouge, je vis une coupure sur le côté, soigneusement rafistolée avec un produit incolore. J'appuyai sur le sommet du fruit; il s'écrasa, et, de la parte évidée, s'échappa un papier plié en quatre.

« Toutes les mesures sont prises pour votre fuite. Soyez prêt à chaque instant, les hommes fidèles vous envoient leurs compliments. Tatiana est enterrée. Vous embrasse fort. L'inconnue qui vous adore. »

Je déchirai la lettre en menus morceaux que je cachai dans la tige de mes bottes. Quelque bizarre que soit le fait, ce qui m'a le plus troublé, ce sont les nouvelles de Tatiana. Si son corps est enseveli, c'est grâce à Osbek, je n'en doute pas. Pourrai-je jamais remercier cet homme fidèle et dévoué? Ainsi, attendons.

11 *novembre, le soir.*

De toute la journée aucune nouvelle de mes amis. Les persiennes de la maison rose, restèrent hermétiquement fermées. Qu'est-il arrivé? Ils ne sont pas tous pris, car dans ce cas, je l'aurais su.

12 *novembre.*

Rien de nouveau; toute la matinée je suis resté inutilement à ma fenêtre, regardant le coin de la rue et les volets clos. Ce silence commençait à m'énerver. Supposé qu'ils soient pris, je n'en ai aucune preuve, car mes relations avec mes gardiens n'ont pas changé. J'ai revu Solovioff pour la première fois depuis son récit tragique. Remarquant qu'il était de bonne humeur, je lui demandai :

« Quoi, lieutenant, vous ne désirez pas vous évader de ce trou. Je me prépare, vous savez. »

Il me répondit négativement.

« Je suis fatigué, Commandant, je m'enfuirais d'ici pour tomber ailleurs. Mieux vaut en finir maintenant avec moi. »

Il a complètement perdu courage — c'est compréhensible — après ses souffrances, mais moi je ne me rendrais pas si facilement. Je préfère mourir dans une guerre honnête que d'être fusillé.

4 heures du soir.

A l'instant, le chef de mes gardiens vient de me demander de me préparer. On m'emmène de nouveau chez le procureur. L'heure m'étonne. Que le diable les emporte tous! Qu'en pensez-vous, Monsieur le Prince, « si nous essayions de nous échapper en route. »

6 heures du soir.

Voilà une histoire bouffonne. Je suis libre. Ce n'est pas possible. C'était un truc alors...

Lorsque vers 4 heures le « chef » m'invita à sortir de ma chambre, une escorte nouvelle, venant d'un détachement spécial, m'entoura pour me conduire chez le procureur. Sans jeter un seul regard sur ces nouveaux venus, je montai rapidement en automobile, et là seulement je remarquai la présence parmi eux d'Omski et d'Osbek habillés en soldats. L'auto démarra et prit la direction du pont situé hors de la ville. Il faisait noir, car ce quartier n'est pas riche en lumière.

Osbek et Omski se jetèrent dans mes bras ayant oublié de me présenter les autres camarades. Mais ces derniers n'étaient que des gens achetés, prêts à faire n'importe quoi pour de l'argent.

Vingt-cinq minutes après, nous approchions d'une petite maison cachée sous les branches sèches d'arbres tordus. Un vieil Arménien nous attendait; il m'aida aimablement à descendre et nous conduisit dans une chambre éclairée au milieu de laquelle était dressée une table copieusement garnie.

« Allons, raconte-moi tout, Osbek, » dis-je au vieux camarade, ne sachant pas par quelle question commencer.

« Tout est entre les mains d'Allah, seigneur. Rien ne se passe sans sa volonté. Si tu veux savoir la vérité... en ce qui concerne ton salut, le plus grand rôle fut joué par cette femme qui habite la maison rose. Elle ordonnait, nous exécutions. »

« Mais quelle merveille, cette femme, Monsieur le Commandant, interrompit Omski; elle est amoureuse de vous, jusqu'au bout des ongles », dit avec un rire gai, le jeune sous-lieutenant.

« Mais que sont devenus mes hommes? » demandai-je impatiemment.

« Les hommes, répondit Osbek, le plus grand nombre d'entre eux sont tués ou faits prisonniers... Les fidèles et ceux qui vivent se sont réfugiés dans les montagnes. Ils t'attendent... »

« Puis, s'arrêtant quelques instants, il ajouta :

« Nous avons dérobé la nuit le corps de Tatiana pour l'enterrer en lieu sûr. La pauvre fille! Elle était comme vivante... Un sourire joyeux règnait sur son visage. C'était une sainte, Seigneur. » Les larmes m'étreignirent à ces dernières paroles prononcées par Osbek. Si elle était encore de ce monde, j'aurais répondu autrement à ses dernières questions... Adorable Tatiana!

Dans la cour se fit entendre une trompe d'auto. Un instant après, entrait dans la pièce une belle inconnue enveloppée de fourrures grises.

Je me levai et lui baisai chaudement la main.

« Merci, grand merci, lui dis-je. Vous ne m'avez pas sauvé seul, mais vous avez encore sauvé plusieurs centaines de ceux qui croient à la grande idée de la délivrance de la Patrie. » La jeune femme bredouillait timidement.

« Je ne suis pour rien dans cette affaire. Ce sont vos hommes fidèles... Moi, je n'ai fait que ce que mon cœur m'a conseillé. »

« Mais, dites-moi, comment avez-vous réussi à combiner tout cela? »

« Oh! c'est toute une histoire, mais je vous la dirai en deux mots. Ne me prenez pas seulement pour une personne « volage » — je vous le répète — j'ai fait ce que mon cœur de femme m'a dicté. Je voulais votre liberté. »

L'inconnue rougit alors jusqu'au front.

« Ecoutez... Avant d'entrer en relations avec vos fidèles, j'avais fait la connaissance du procureur de la République, qui dès le premier jour fut entraîné vers moi. Le deuxième jour, je combinais mon plan d'action. Le 10 Novembre, je parlais avec les vôtres et trouvais les autres gens. Le 11, je les habillais en soldats. Toute la nuit du 11 au 12, je la passai dans la chambre du procureur l'assurant de mon amour. Ne pensez à rien de mal, je gardais trop soigneusement mon honneur. »

Ces dernières paroles furent prononcées à mi-voix par la jeune femme qui me regardait avec des yeux francs.

« La même nuit, j'eus l'occasion de prendre un blanc-seing avec le cachet et la signature du procureur, que je remplis moi-même à la machine à écrire, de l'ordre suivant:

« Le Prisonnier Commandant X devra être conduit chez moi à 4 heures 1/2 accompagné d'une garde spéciale qui viendra le chercher. » Voilà tout. Cette maison, c'est moi qui l'ai découverte et préparée pour vous. Elle se trouve loin du centre; personne ici ne soupçonne votre existence... Seulement, voilà ce que je voulais dire, » dit-elle tout à coup. « Il faut vous dépêcher de la quitter, autrement, vous serez découvert. Ainsi, que comptez-vous faire? »

J'avais déjà pensé moi-même à tout cela.

« Je compte gagner le quartier général de B..of qui n'est pas loin d'ici et y rester quelque temps. Je m'habillerai en tartare avec les passeports d'usage; Omski et Osbek feront comme moi et nous passerons tranquillement la frontière. »

« Tout cela pourra se faire ici même sans bouger. Le patron de la maison est capable de tout. Arrangez cela et partez aujourd'hui même. La raison le commande. Dans deux jours, je serai moi aussi dans ces parages. Il me reste à régler quelques affaires à Tiflis... Dites-moi, vous serait-il désagréable de me revoir?

« Non, j'en serai très heureux, je vous dois tant ». Cette réponse n'a pas satisfait la jeune dame.

« C'est vrai, vous me connaissez trop peu pour me comprendre.»

« Au contraire, vous vous êtes bien montrée et je ne l'oublierai jamais. Venez... nous aurons là-bas plus de temps pour nous connaître. »

La jeune blonde me fit ses adieux, m'assurant qu'elle serait à Bakou deux jours plus tard et descendrait à l'Hôtel du Grand Moscou. Son nom était K....aia; de sa vie intime je ne savais rien, mais elle ne m'intéressait pas.

« Alors, vous ne m'oublierez pas pendant ces quelques jours », sourit-elle en s'éloignant.

« Jamais... Est-ce possible », répondîmes-nous tous ensemble.

....

Ainsi, dans une heure environ, le train m'emportera de l'autre côté, vers de nouveaux espoirs, vers de nouvelles joies, peut-être aussi, vers de nouveaux malheurs. Quand je pense au nombre de fois, où ma vie fut en contact avec la mort, je commence à croire involontairement à l'existence de l'Etre suprême, qui résout le destin de chacun. Le proverbe ne se trompe jamais : « Nul n'échappe à son destin »; mais c'est surtout la Foi, la grande Foi en soi-même et en son bon droit, qui est la fidèle compagne de toute victoire sur les obstacles de la vie...

Ainsi de nouveau : En Avant! De nouveau la Lutte pour la lumière et la vérité. « Ta Foi te sauvera ».

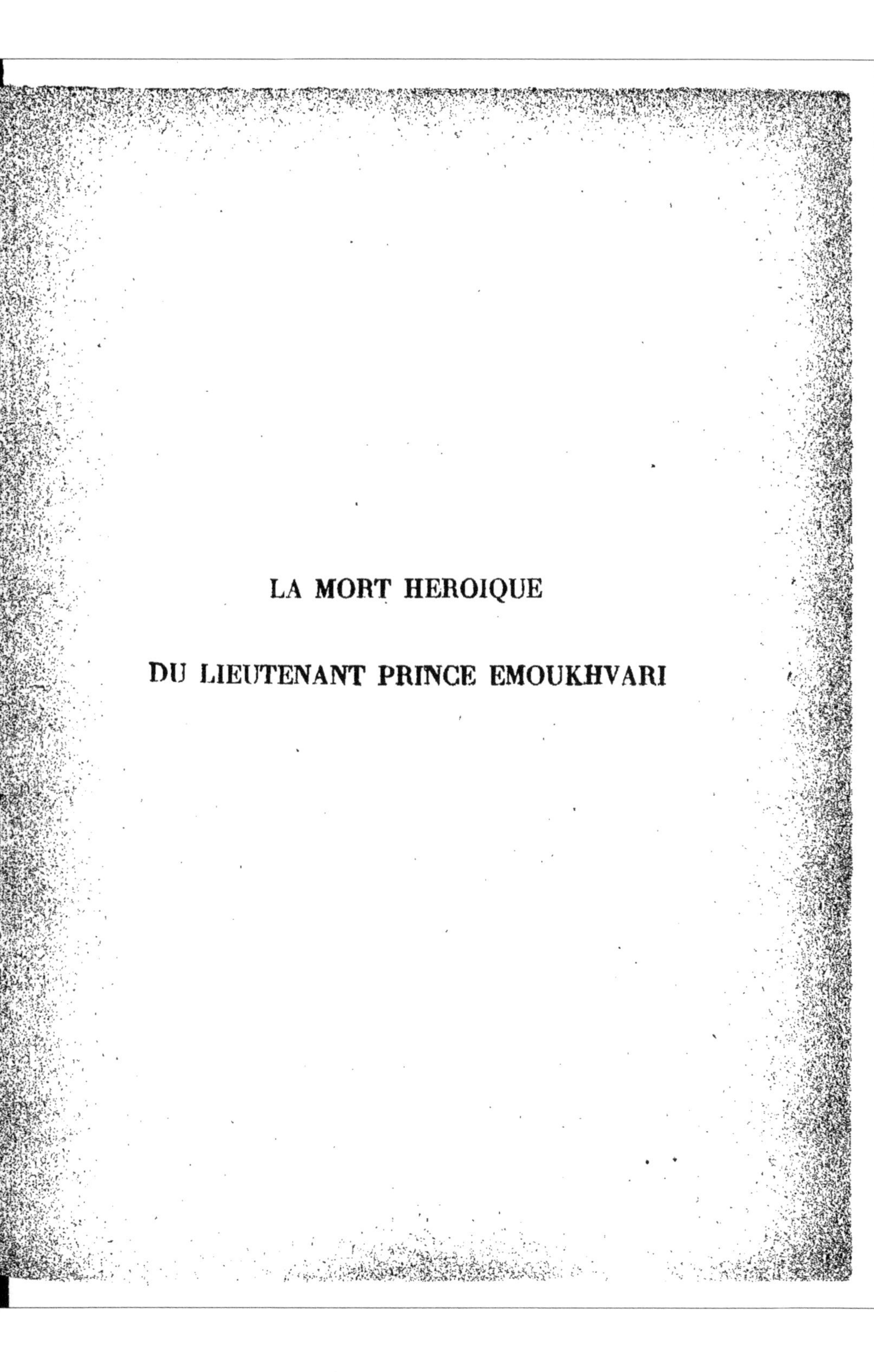

LA MORT HEROIQUE

DU LIEUTENANT PRINCE EMOUKHVARI

Novembre 1918.

Il y a neuf ans de cela, la petite ville pittoresque de S...um disposée au bord de la Mer Noire, fut mise en émoi par l'apparition dans ses eaux du torpilleur « *Derzky* » (l'« Audacieux »).

A cette époque, la révolution n'avait encore apporté que fort peu de changements dans les us et coutumes traditionnels de la petite ville caucasienne, ce qui faisait qu'après le coup d'état, la direction de ses affaires restait confiée, — il est vrai par voie d'élection, — aux plus anciens habitants du pays. Du bolchevisme, il n'était pas même question. Partout, dans les rues, les cafés et les restaurants, on voyait, comme par le passé, des officiers de l'ancienne armée russe, paradant sous leurs pattes d'épaulettes d'or ou d'argent. Le petit contingent de soldats cantonné dans cette localité observait encore les prescriptions du code militaire quant au respect dû à la hiérarchie, et refusait de prendre part aux divers comités ouvriers de la ville.

Il était à peu près midi, lorsque le torpilleur approcha du débarcadère et jeta l'ancre. Mais déjà bien avant son arrivée, le quai était noir de monde, — tous, des curieux de S....um, impatients d'apprendre la cause de l'arrivée du bâtiment de guerre, battant pavillon rouge.

Lorsque la passerelle fut jetée, le maire monta le premier à bord du vaisseau, pour saluer les nouveaux venus au nom de la ville.

L'équipage du torpilleur, composé de plus de deux cents marins écouta avec indifférence la harangue du représentant de la ville, mis avec une sorte de recherche, et lui demanda en tout premier lieu :

« Quelle sorte d'autorité y a-t-il en cette ville?

— Autorité locale, établie par voie d'élection, répondit le maire interloqué.

— Election faite par des contre-révolutionnaires, ricana l'un des matelots, probablement un des meneurs. Nitchevo (Cela ne fait rien)... Nous allons voir à mettre de l'ordre chez vous!...

— Mais, excusez..., essaya de protester le maire.

Mais on ne le laissa pas parler. Le chef de la bande, parlant au nom des Soviets, lui intima l'ordre de livrer, dans un délai de huit heures, tous les officiers qui se trouvaient dans la ville à ce moment-là.

« Autrement, ajouta-t-il, nous allons bombarder la ville. Alors il ne restera plus une seule pierre de votre S...um. »

Le maire blêmit et fit un effort pour poser encore cette question :

« Quel sera leur sort?

— On verra cela, répondit le matelot. Ils vont être jugés par le représentant du pouvoir ouvrier-paysan... ici même, à bord...

Le retour du maire fut triste. La nouvelle de l'insolente sommation des matelots avait aussitôt pénétré dans tous les recoins de S...um, et ses habitants prirent la résolution de ne livrer personne.

Les officiers reçurent l'avis de quitter la ville immédiatement pour se réfugier dans les montagnes, d'où, avec un détachement armé, composé d'aborigènes, ils devaient ensuite marcher au secours de la ville.

Tous, excepté un seul, consentirent à cette proposition des autorités municipales, tous, excepté un seul. Celui-ci était un jeune lieutenant du régiment de Circassiens, le prince Nicolas Emoukhvari, qui devait ensuite payer de sa vie sa généreuse tentative de défendre son honneur d'officier russe, en même temps que l'honneur de sa patrie.

« Je reste, dit-il. Ils n'ont pas le droit de me toucher. Qu'ils essaient seulement, ils vont le payer cher. »

Bien bâti, d'une taille moyenne, le prince Emoukhvari était doué d'un courage indomptable et, pendant la Grande Guerre, ses exploits l'avaient couvert de gloire.

Cette même guerre l'avait privé déjà de son bras droit, quelques jours à peine avant la révolution. Atteint à l'épaule, sa plaie s'envenima au point de nécessiter l'amputation du bras.

Toutefois, ses souffrances physiques et morales causées par la perte de son bras, pâlissaient à côté des tortures de son amour-propre devant le tableau de la décomposition de la Grande Armée. Dans le tréfonds de son âme, le jeune officier avait depuis longtemps déjà acquis la conviction que la mort seule pouvait le libérer du rôle pénible qui lui était assigné d'être le témoin impuissant de l'opprobre de sa patrie à la face de l'univers, tandis que, jusqu'alors, la Russie avait toujours été considérée comme un grand pays.

Donc, vers deux heures de l'après-midi du jour dont nous parlons, le prince Emoukhvari, accompagné de son fidèle écuyer, Samaria, sortit de l'*Hôtel Oriental*, où il occupait une chambre.

Il faisait une belle journée ensoleillée, une de ces journées embaumées, si exclusivement propres à ce S...um tropical.

Le prince avait laissé sa *bourka* à la maison; une ceinture en or enserrait sa taille fine bien prise dans une *thcerkesska* verte; on voyait briller sur ses pattes d'épaulettes le chiffre de son glorieux régiment; sa manche droite était enfoncée dans sa ceinture.

Contrairement aux coutumes, la rue qui réunissait le quai au parc de la banlieue était vide; une partie des magasins étaient fermés et, à la station des cochers, il n'y avait pas une seule voiture. Il n'était pas difficile au prince de deviner la cause de tout cela : l'arrivée des marins « rouges » avait inspiré une telle frayeur à la population que les gens préféraient se terrer dans leurs habitations.

Ce jour-là, le lieutenant était invité à dîner chez sa cousine germaine, demeurant du côté de la ville nouvelle, et il voulait tenir la parole donnée. Faute de fiacre, il résolut de s'y rendre à pied, malgré la distance. Au détour d'une rue, il rencontra un groupe de soldats de cette localité, qui venaient en sens inverse .A sa vue, les soldats se mirent à courir dans la direction de la caserne, sans lui avoir rendu les honneurs militaires; ils avaient un air surexcité et une tenue débraillée, ce qui suggéra au prince une idée singulière : la garnison n'avait-elle pu passer aux matelots? Il aurait voulu les interpeller. Mais il n'était plus temps, les soldats étaient déjà loin.

Le prince regarda interrogativement son ordonnance.

« Ils ont trahi », répondit celui-ci à l'interrogation muette de l'officier.

Ce dernier resta quelque peu songeur; ensuite, il dit :

« Tous les mêmes! On ne peut avoir confiance en eux, même pour un sou : ils sont capables de vendre leur propre mère pour un verre de vodka. »

Ils continuèrent leur chemin en silence.

Tout à coup, sur la place publique, ils remarquèrent un groupe d'hommes qui étaient en train de discuter vivement entre eux. Ces hommes étaient tout de blanc vêtus et armés jusqu'aux dents.

« Des matelots! proféra Samaria d'une voix émue.

— Au diable! répondit le prince. Est-ce que cela nous regarde?

— Il vaut mieux rentrer, Votre Excellence, supplia l'ordonnance. Je crains qu'ils ne vous fassent du mal. »

Le lieutenant eut un petit rire sec :

« Qu'ils essaient! »

Mais les matelots avaient déjà remarqué les Caucasiens et se dirigeaient vers eux vivement. Ils étaient quatre. Larges d'épaules, leurs faces boursouflées, leurs chemises déboutonnées, ils avaient tout l'air de brigands de « grands chemins ». Sur la poitrine de chacun d'eux se croisaient les rubans de cartouches de mitrailleuses, et à leurs flancs étaient suspendus des « Mausers » d'une taille inaccoutumée.

A la vue d'un officier portant encore les anciennes pattes d'épaulettes, leurs visages exprimèrent une profonde stupéfaction. Ils ne pouvaient se figurer une « impudence » pareille de la part d'un contre-révolutionnaire, même du plus décidé, pour peu qu'il eût connaissance de l'ordre émis par les autorités du vaisseau.

Après s'être approché tout à fait, un des matelots aborda le prince :

« A ce qu'il paraît, il n'est pas à ta connaissance que l'homme qui t'avait collé ces brimborions d'argent a été déjà retiré de la circulation par les chefs du pouvoir ouvrier, et que tel sera bientôt ton destin à toi, chien de tzariste! » dit-il en poussant du doigt les pattes d'épaulettes de l'officier.

Le sang afflua dans la tête du prince, mais faisant un effort pour dominer son émotion, il répondit lentement, comme s'il pesait ses mots :

« Si, j'en ai connaissance... et même tout à fait connaissance... Et je suis heureux de l'occasion que la Providence m'offre aujourd'hui pour me venger au moins de quelques-uns de ses vils assassins! »

A ces dernières paroles, avec une impétuosité incroyable, de son bras gauche, il arracha de sa gaîne un petit revolver et fit feu par quatre fois, en tuant raide « les représentants du pouvoir de brigands », assassins du Tzar et de la Russie.

Son ordonnance n'a pas même eu le temps de se servir de son arme, — quitte à en être de ses regrets maintenant.

Mais il fallait songer à la retraite.

« En tournant dans cette rue, nous allons sortir près de la villa Ostrooumoff, et de là dix minutes de marche suffiront pour gagner les montagnes, proposa Samaria.

— Il me faut encore retourner à l'hôtel, je n'ai plus de munitions; j'ai besoin aussi de prendre mon fusil. Que deviendrions-nous sans armes? dit le lieutenant.

— Que Dieu vous en garde, Excellence! Rentrer en ville!... Maintenant... Dans quelques instants, les bolcheviks seront informés de tout ce qui vient de se passer. Dans les montagnes, nous trouverons tout ce qu'il nous faut, des armes et l'abri nécessaire. Je vous en supplie, Excellence, ne perdez pas de temps... Venez! »

Mais le prince foudroya son ordonnance d'un regard sévère et dit :

« Poltron!... Eh bien! va-t'en seul dans les montagnes... Moi, je ne ferai pas un pas en avant, sans mon fusil. »

Sur ces mots, il se dirigea vers la rue débouchant sur le quai.

Samaria emboîta le pas de son maître. Il était tout pâle et l'émotion l'étouffait. Il n'en voulait pas à son maître de l'avoir traité de poltron. Le prince connaissait trop bien son compagnon d'armes, le fidèle associé de ses exploits fabuleux, pour pouvoir de sang-froid l'accuser de lâcheté. Le mot lui avait échappé dans un de ces moments de vivacité, si propres à son tempérament.

Samaria le comprenait fort bien. En ce moment, le seul désir du montagnard dévoué, c'était de pouvoir sauver son maître, qu'il aimait plus que tout au monde.

C'était dans cette intention qu'il proposait au prince la retraite immédiate vers les montagnes. La présence du prince en ville, après les événements qui venaient d'avoir lieu, ne menaçait-elle pas ses jours d'un péril imminent? Quelle folie, de vouloir traiter, en se jouant, les bêtes féroces qui se trouvaient en liberté et rendues furieuses?

Il avait raison, il le savait; mais il ne pouvait pas arriver à convaincre le prince. Il le suivit docilement.

A l'entrée de l'hôtel, le prince fit halte.

« Tu monteras dans ma chambre, dit-il à son ordonnance. Là, tu prendras ma *bourka*, quelques cartouches pour le browning et mon fusil de cavalier. Je t'attendrai ici, en bas. Dépêche-toi. »

Samaria s'élança.

La main gauche sur son poignard et le dos contre le mur, le prince contemplait tristement le quai de la ville, si animée, hier encore, et sans une âme vivante, pour le moment. Vide, comme s'il y avait la peste... comme s'il y régnait la mort...

Cinq minutes se passèrent. Samaria ne revenait toujours pas.

Tout d'un coup, d'un tournant de la rue voisine, il lui parvint le bruit de pas qui s'approchaient... ensuite, des bribes de conversation à voix haute et des jurons en russe. Point de doute : c'étaient des matelots... Oui, c'était cela : ils étaient deux, les mêmes physionomies brutales que les autres; quelques hommes en costume circassien les accompagnaient. Le prince ne bougea pas de sa place.

Les matelots se dirigèrent vers l'*Hôtel Oriental*.

« Le voici! » s'écria tout d'un coup l'un d'eux, en apercevant le lieutenant.

L'autre matelot saisit son revolver et coucha le prince en joue.

Le coup partit. Le prince ne fut pas touché : la balle avait passé à côté. Il sourit alors d'un sourire qui lui était particulier, et dit :

« Des lâches qui ne savent même pas tirer! »

Ensuite, il abandonna lentement sa place, dans l'idée de se chercher abri dans l'hôtel. Mais juste à ce moment, trois autres détonations assourdissantes retentirent, venant du côté opposé, et deux marins tombèrent sur le pavé, comme des gerbes fauchées. C'était Samaria qui, sorti par l'escalier de service de l'hôtel, avait vu le danger menaçant le prince et s'était précipité à son secours. Les gens en costumes circassiens se dispersèrent immédiatement.

Samaria remit alors au lieutenant la *bourka* et les cartouches, et ils partirent au pas de course vers l'édifice occupé par l'Administration régionale.

« Là, nous pourrons peut-être trouver des chevaux, opinait l'ordonnance. Les miliciens sont des Abkhasiens, ils ne nous refuseront pas leur aide. »

Du côté du débarcadère, on entendait des cris et des coups de feu : la poursuite venait de commencer.

En tournant toujours par les petites ruelles, les fugitifs atteignirent enfin la caserne de la milice. Samaria se précipita vers la cour. Il fut reçu par une vieille femme de sa connaissance : c'était la mère d'un des sous-officiers.

Ayant appris de quoi il s'agissait, elle mit à leur disposition les deux haridelles qui lui restaient dans l'écurie.

« C'est tout ce que je peux vous offrir, dit-elle. Aujourd'hui, dès le petit jour, les gardes m'ont emmené mes meilleurs chevaux. Il ne reste que ces deux-là.

On sortit les chevaux : ils étaient maigres et se tenaient à peine sur leurs jambes; mais, somme toute, cela valait toujours mieux que d'aller à pied.

« Le tout, c'est d'arriver jusque chez ma cousine. Là, on nous donnera des chevaux meilleurs », dit le prince en sautant lestement sur sa bête osseuse.

Contre toute prévision, les bêtes, une fois dehors, firent montre d'une grande vélocité, et galopèrent comme des enragées par les rues désertes de la ville, semant l'épouvante parmi les rares passants qu'elles rencontraient sur leur route.

Chez la cousine du prince, on ne savait rien encore de ce qui venait d'arriver. Très émue par l'affligeante nouvelle qu'elle venait d'apprendre, la princesse donna immédiatement l'ordre de seller les deux meilleurs chevaux de son écurie qu'elle mit à la disposition de son cousin, à qui elle avait remis en même temps le revolver de feu son mari, avec la recommandation de se retirer dans ses propriétés. Après avoir mangé en toute hâte, les fugitifs se mirent en route. Maintenant ils étaient montés sur de vrais coursiers kabardins, de pure race, nerveux, élevés avec soins et force gâteries. A la sortie de la ville, ils rencontrèrent le sergent-major de la compagnie qui était en garnison dans cette ville. Il raconta au prince que les soldats s'étaient joints aux matelots et étaient entrés dans la composition du Comité révolutionnaire. Avec grande peine, le sergent-major était parvenu à se soustraire à leur justice arbitraire.

« Pour ce qui vous regarde, l'affaire est mauvaise, dit-il au prince avec persuasion. Je sais qu'un ordre d'amener est lancé contre vous et envoyé télégraphiquement dans toutes les localités de ce district. Le Comité a mis votre tête à prix : il offre une grande récompense pour votre capture. Et savez-vous par qui est signé cet ordre?

— Par qui donc? demanda le prince perplexe.

— Par Echba.

— C'est faux! Cela ne peut pas être! s'écria le lieutenant. Ce sont les bolcheviks qui ont signé pour lui. Echba ne peut trahir son prince, son bienfaiteur!

— Ce n'est pas mon avis, Excellence, répondit le sergent-major. Je sais pertinemment qu'Echba fut l'un des premiers à visiter le vaisseau; qu'au surplus, c'est lui qui est élu président du Conseil des députés ouvriers et paysans de la ville de Soukhoum. Cette élection fait bien l'affaire des matelots, car Echba est un Abkhasien d'origine : donc les résolutions signées par lui auront de l'autorité dans le pays. Voici pourquoi je vous conseille, à nouveau, de prendre toutes les mesures de précaution. »

Mais le prince ne voulut pas écouter ces dernières paroles jusqu'au bout : il cingla son cheval et partit au galop. La trahison d'Echba lui portait un coup inattendu.

Il pouvait s'attendre à tout, excepté à cela. Echba, signer l'ordre d'arrestation du prince Nicolas Emoukhvari!... ce même Emoukhvari, dont le père, mû par un noble sentiment de générosité, avait servi une bourse au fils d'un de ses paysans pour lui rendre possible l'accès aux études supérieures. Ce dernier avait fait son droit. Il était arrivé. Et voilà donc quelle était la reconnaissance!... Quoi! serait-ce vraiment la fin de tous les nobles principes! Est-ce que les notions mêmes du devoir et de fidélité devront sombrer devant la devise infâme arborée par les bolcheviks dans leur marche contre le monde entier!... Pourrait-on admettre que tout ce qui faisait maintenant l'essence de la vie humaine ne fût, en fin de compte, qu'une comédie pitoyable?...

Le prince se perdait dans ces conjectures; il ne savait plus à qui se fier... Ainsi donc, brusquement, les gens sont changés du tout au tout : ce qui naguère était considéré comme sacré et intangible se trouvait à vendre...

Il retint son cheval et se retourna... Samaria le suivait. Il était visiblement accablé par les mêmes sentiments de douleur et de déception que le prince.

le lieutenant lui demanda :
Lorsque les deux chevaux se trouvèrent côte à côte,

« Et Echba, que t'en semble?... »

Samaria garda le silence.

« Signer mon arrêt de mort!... Payer le pain que je lui ai donné par la trahison!... répétait le prince.

— Maître, dit tout à coup Samaria, le serpent mue pour faire ensuite peau neuve. On ne doit jamais avoir confiance en un serpent, ou bien, encore, si l'on a l'intention de l'apprivoiser, il faut lui arracher la langue, car c'est là ce qu'il y a de plus dangereux dans ces reptiles. Son Excellence, votre vénéré père, en voulant faire une bonne action, n'avait pas pensé au vieux proverbe abkhasien: « Si tu veux qu'un homme te soit fidèle et reconnaissant, arrache-lui d'abord la langue. La tête et le cœur sont la source des sentiments nobles, mais la langue est un instrument de trahison et de lâcheté. »

Le prince n'objecta rien à cela. D'un côté, Samaria avait raison : l'éducation n'avait fait que délier la langue d'Echba, et il s'en servait contre ses bienfaiteurs et contre son peuple.

« Allons, se dit le prince, pourvu que je mette la main sur lui... A serpent, mort de serpent! »

Le temps passa imperceptiblement, et ils arrivèrent au hameau de Goulripche, à dix verstes de Soukhoum. Les habitants — des Grecs — les accueillirent aimablement et leur offrirent à casser la croûte et à se reposer un peu. Mais le prince décida de continuer son chemin. Huit verstes plus loin, on avait le village de Drandi. Une fois là, ils seraient en sûreté : à partir de Drandi commençaient les *aoules* abkhasiens, où l'on pouvait se tenir caché des éternités, si on le voulait.

Tout allait bien; les routes étaient libres. Les quelques tavernes qui se trouvaient sur leur chemin étaient pleines de paysans, qui saluaient le prince et son compagnon par des acclamations enthousiastes. Il ne restait que deux verstes jusqu'à Drandi.

Le lieutenant avait poussé un soupir de soulagement : ils étaient sauvés. Une petite heure encore, et il sera chez lui, dans ses terres héréditaires, entouré de gens sûrs, et alors, on entendra parler de lui chez les bolcheviks!

Mais les espérances du prince ne devaient pas se réaliser. Le sort, semblait-il, s'était mis contre les fugitifs, et avait décidé leur perte en dressant des obstacles sur leur chemin.

Lorsqu'ils entrèrent à Drandi, ils se trouvèrent brusquement entourés par des gens en chemises russes, au col boutonnant sur le côté, et en bottes hautes. C'étaient des Russes travaillant aux plantations de tabac. Ces paysans descendaient du Nord presque tous, chaque an, vers cette saison, en vue d'un gain supplémentaire. Et c'étaient eux, les seuls, qui avaient voulu se conformer à l'ordre du comité révolutionnaire.

Armés de fusils et de revolvers, ils proposèrent aux cavaliers de se rendre sans résistance.

La position était critique : ils étaient en nombre, — cent, deux cents peut-être, et pas un seul Caucasien. Pas moyen de s'échapper. Le prince décida de leur faire payer cher sa capture. Il fit signe à Samaria et sauta à bas de son cheval, dans un petit fossé, à côté de la chaussée. Samaria fit de même, et le combat commença, — un vrai combat, sans quartier. Les coups de feu tirés par le prince et son ordonnance étaient relativement espacés, mais combien justes! Chacune de leurs charges couchait un des assiégeants. Mais les ennemis étaient trop nombreux, et malgré leur fusillade désordonnée, la force leur restait acquise.

Le moment arriva enfin où les assiégés eurent tiré leur dernière cartouche. Tout était donc fini. La foule, menaçante, les serrait de près. C'était la honte d'être pris et la vengeance sommaire exercée par des bêtes féroces... Mais non, le prince n'était pas de ceux qui se rendent vivants. Saisissant de son bras unique son poignard, il se jeta sur l'ennemi.

« A moi, Samaria! » cria-t-il à son fidèle serviteur.

Mais ce dernier, comme toujours, se trouvait déjà à ses côtés, comme toujours prêt à mourir pour lui ou avec lui. Des centaines de bras agrippèrent les deux héros. « Le cœur le plus valeureux ne peut rien contre la force brute », dit un proverbe montagnard. Les prisonniers, déchirés et moulus, furent jetés par les paysans dans un véhicule tiré par quatre chevaux et emmenés à Soukhoum.

Cette fois, les rues de la ville étaient noires de monde : c'était un témoignage de compassion envers les héroïques Abkhasiens; quant aux femmes, on les entendait sangloter de pitié à la pensée du sort qui attendait les deux héros.

Les prisonniers furent amenés au débarcadère. Là, se trouvaient déjà le maire de la ville, quelques matelots, des représentants du comité ouvrier, et presque toute la population.

Un des marins rouges déclara d'une voix retentissante à tout ce monde rassemblé que le contre-révolutionnaire Emoukhvari allait être jugé à bord du vaisseau par les autorités compétentes et les membres du comité urbain.

Pour tout le monde, il était clair que « juger » voulait dire : imaginer le genre de supplice le plus raffiné. Les assistants, à l'unanimité, voulurent intercéder en faveur du prince...

« Qu'on le juge en ville!... Ne l'emmenez pas à bord!... Il faut le sauver, même au prix du bombardement de la ville!... »

Telles étaient les voix qui montaient de toute part. Le représentant de la ville sollicitait la même grâce.

« Vous osez prier pour ce chien du Tzar, qui a fait périr des dizaines d'entre les plus dévoués serviteurs de la révolution. Remerciez votre Dieu que vous-mêmes vous sortez sains et saufs de l'histoire », répondit avec insolence le commissaire du vaisseau.

Ensuite, se tournant vers les matelots qui gardaient le prince Emoukhvari, il jeta :

« A bord ! »

Mais, avant de s'en aller, le prince fit un dernier salut dans la direction de ceux qui prenaient une part si vive à son sort; ensuite, il donna la main au maire et lui dit :

« Il ne faut pas vous humilier de la sorte. Pourquoi prier ces bêtes féroces ? Ce ne sont pas des humains. Rassurez le public. Dites-leur que je saurai mourir de façon à ne faire rougir personne d'entre eux au souvenir de ma mort. Adieu. »

Pourpre de colère, le matelot réitéra l'ordre, et les hommes de garde commencèrent à bousculer la foule en la repoussant du débarcadère. Profitant de cette bousculade, un jeune inconnu glissa subrepticement un petit browning dans la main du prince, qui l'enfonça dans la tige de sa botte. Les prisonniers furent conduits à bord.

Il est bon d'ajouter que la population, jusqu'au dernier moment, gardait encore l'espoir de pouvoir sauver Emoukhvari. D'un moment à l'autre, on attendait l'arrivée du détachement des cavaliers formé par les officiers réfugiés dans les montagnes. Mais dès que le public sut que le prince était à bord, il fallut bien renoncer à tout espoir.

Comme il a été dit plus haut, une passerelle réunissait le bord du vaisseau au ponton-débarcadère. Le prince passa le premier. Les matelots retinrent Samaria, et lui proposèrent de ne pas le suivre.

« Tu es fils de paysan, et tu peux espérer encore de mériter ton pardon de la part du pouvoir ouvrier-paysan, si tu montres un sincère repentir de tes fautes. »

Le jeune Abkhasien releva la tête et répondit fièrement :

« Ma place est là. Où mon maître mourra, je mourrai avec lui. »

A ces mots, le visage du prince s'éclaira d'une joie profonde : il existait donc encore des cœurs dévoués, sur lesquels la propagande du principe corrupteur n'avait pas de prise!... Malgré tout, l'honneur était sauf et, dès lors, la mort même devenait douce.

A bord du vaisseau, tout l'équipage était rassemblé; chacun des matelots portait une rosette rouge à sa boutonnière. Au beau milieu de ce groupe, le prince reconnut le profil d'un homme vêtu comme un simple particulier.

« Echba!... Lui!... Serait-ce possible?... »

Emoukhvari n'en voulait pas croire ses yeux. Il se disait qu'il avait dû se tromper... Cependant, le civil se retourna. C'était bien Echba. Mais combien changé! Son visage, naguère agréable, était maintenant tout empreint de dureté. Un sourire narquois errait sur ses lèvres à demi ouvertes; aucune trace de remords de conscience...

« Il a commencé par se vendre lui-même, et ensuite, il m'a vendu, moi! » pensa le prince.

Il se baissa, comme par hasard, et prit son rerevolver caché dans sa botte. Il cria :

« Serpent, traître au sang de tes frères! »

En même temps, il fit feu et tira toutes ses cartouches jusqu'à la dernière.

Mais Echba devait être né sous une heureuse étoile. Un saut adroit de côté le sauva, et les balles qui lui étaient destinées firent trois victimes parmi les marins qui l'entouraient. Lorsque Samaria s'aperçut que le prince avait raté son coup, d'un bond il fut sur Echba et le prit à la gorge. Revenus de leur stupeur, les marins, tous à la fois, foncèrent sur lui et, cinq minutes après, le fidèle ordonnance avait cessé d'exister, la tête en bouillie et le ventre ouvert. Quant au prince, heureusement pour lui, il n'avait pas assisté à la mort affreuse du plus fidèle des serviteurs : on l'avait enfermé dans une cabine au fond de la cale. Quelques instants après, le torpilleur quittait le ponton.

Au carré des officiers de naguère siégeait maintenant le comité révolutionnaire. La préoccupation de ses membres fut d'élaborer un genre de supplice digne d'un contre-révolutionnaire, tel qu'Emoukhvari.

Toutefois, celui-ci représentait encore, malgré tout et quand même, un gros danger pour ses ennemis. Cette noble nature, nullement domptée, aspirait à la vengeance. Ici même, dans ce trou noir où on l'avait jeté, le prince conçut le plan infernal d'incendier le bâtiment. Périr lui-même, mais aussi faire périr tous les autres. Dans la poche de son pantalon, il trouve des allumettes; il éclaire sa cabine et tâche ensuite de choisir l'endroit propice à une prompte conflagration. Un dépôt de mazout est près de la porte... Il fait flamber une allumette, une deuxième, une troisième... Le mazout s'enflamme, en quelques secondes, la porte et les parois de la cabine sont environnées par les flammes.

« Pourvu qu'on ne le remarque pas de sitôt, pense-t-il. Si seulement on laissait au feu le temps de gagner le compartiment des machines... »

Mais le vaillant lieutenant a de nouveau le sort contre lui. Un des chauffeurs remarque la fumée suspecte qui s'échappe de la cabine de l'officier arrêté. Un grand tumulte s'ensuit : on court, on crie, le comité interrompt sa séance. On met plus d'une demi-heure à éteindre le feu. Le prince Emoukhvari est traînée en haut, sans connaissance. Plus d'atermoiements maintenant! On fait reprendre ses sens au lieutenant. Mais à peine commence-t-il à entr'ouvrir ses yeux, qu'on y voit luire déjà l'indomptabilité coutumière de sa nature, en même temps que la résignation devant le martyre qui l'attend.

« Le chien est réveillé, dit le commissaire. Voyons, vite, debout! »

Le prince se lève docilement. Ses jambes tremblent de fatigue, la tête lui tourne, mais il fait tous ses efforts pour se tenir d'aplomb.

En présence de tous les marins réunis, le commissaire l'apostrophe :

« Te repens-tu de tous les crimes par toi commis envers le pouvoir ouvrier-paysan et veux-tu lui prêter serment de fidélité?... Réfléchis et réponds. Par ton repentir, tu pourrais obtenir un adoucissement de peine, et ton serment pourrait t'amener dans les rangs de ceux qui sont dignes de la révolution. Autrement, sache qu'une mort affreuse t'attend. »

Le pâle visage d'Emoukhvari se transforma, son masque se figea dans l'expression d'une fierté pétrifiée. Il répondit d'une voix faible, mais assurée :

« Oui, je me repens de ne pas avoir pris toutes les mesures nécessaires pour la conservation de ma vie, si utile en ce moment pour la vengeance à fond contre les spoliateurs de la patrie et de l'honneur. Je prête serment à Dieu tout-puissant, et je jure sur la mémoire sacrée du Tzar, assassiné par eux, de conserver mon honneur et ma haine à leur égard, et cela jusqu'à mon dernier souffle. Quelque affreuse que soit la mort que vous me destinez, jamais elle ne pourra dépasser la torture subie par tous ceux qui, comme moi, aimant leur patrie et son honneur, doivent assister à la honte dont vous la couvrez. »

Un silence lourd tomba. Quel courage indomptable, quelle force de résolution dans les paroles de ce condamné à mort! Dans les temps anciens, la manifestation d'un tel courage eût fait l'admiration des assistants et mérité le pardon de la part des vainqueurs, même les plus endurcis. Mais la sensibilité de la masse des matelots, convertis en bêtes féroces, était émoussée.

Après avoir écouté la réponse d'Emoukhvari, le commissaire donna l'ordre aux bourreaux de se mettre à l'œuvre. Trois robustes matelots s'approchèrent du lieutenant; l'un d'eux tenait dans ses mains un long câble de mer. Ils se mirent à ligoter le prisonnier; le prince n'opposait pas de résistance.

Un bout du câble s'enroulait en spirale autour de son corps, l'autre bout, plus long, se trouvait dans les mains d'un des bourreaux.

Le commissaire avait fait signe de procéder à l'opération. Une échelle fut poussée vers la cheminée : deux matelots y portèrent le corps immobile du prince et commencèrent à l'enfoncer dans la cheminée fumante. Tout d'abord, on y avait passé la tête du prince et ensuite, en se servant du second bout du câble, on le descendait plus bas, toujours plus bas... Encore quelques instants, et l'inhumaine justice sommaire des bolcheviks fut consommée, le valeureux officier n'était plus.

Le commissaire envoya quelques bombes à la ville. On ne sait si ce fut là sa manière de faire savoir aux habitants que le supplice des héros abkhasiens était chose faite, ou si, tout simplement, il avait été guidé par le désir de nuire à la population qui prenait tellement à cœur le sort d'Emoukhvari. Toujours est-il, qu'à la première salve du vaisseau, la ville répondit par des coups de canons et une fusillade nourrie. C'était le détachement formé dans les montagnes qui arrivait au secours du prince. On voyait des cavaliers galoper furieusement sur les quais... Trop tard! Le sort, une fois de plus, avait disposé trop vite d'un des plus valeureux et héroïques officiers de la Grande Armée russe.

Le torpilleur *Derzky* faisait force vapeur en disparaissant à l'horizon et laissant derrière lui un sillage sanglant de ruines et de honte.

FIN

www.ingramcontent.com/pod-product-compliance
Ingram Content Group UK Ltd.
Pitfield, Milton Keynes, MK11 3LW, UK
UKHW021535260726
13993UKWH00002B/503

9 782329 208107